Este libro pertenece a…

_____

…una mujer que busca la sabiduría de Dios.

Libros de Elizabeth George publicados por Portavoz:

Proverbios para el corazón de la Mujer

ELIZABETH GEORGE

EDITORIAL
PORTAVOZ

La misión de *Editorial Portavoz* consiste en proporcionar productos de calidad —con integridad y excelencia—, desde una perspectiva bíblica y confiable, que animen a las personas a conocer y servir a Jesucristo.

Contenido

Querida amiga que buscas la sabiduría de Dios…

¿Trabajas en el mundo y luchas con la manera en que se hacen o no se hacen las cosas? ¿Necesitas algo de ayuda en tus relaciones? ¿Estás criando a tus hijos pero no estás segura de qué hacer o si lo que estás haciendo está funcionando? ¿Cuántas veces al día te sientes insegura sobre las decisiones que tomas? Pues, ¡buenas noticias! Dios tiene todas las respuestas que estás buscando en el libro de los Proverbios.

Bienvenida… y gracias por acompañarme en un recorrido práctico y devocional por el libro de Proverbios. Mi amor por este libro de la Biblia comenzó apenas unos días después de convertirme en cristiana. Agradezco a Dios todos los días porque a mi esposo, Jim, y a mí nos dirigieron a una iglesia llena de personas que no solo tenían Biblias, sino que realmente las seguían mientras el pastor predicaba desde el púlpito.

Después de esa primera experiencia de enseñanza tan emocionante, Jim y yo fuimos al cuarto de oración de la iglesia. Allí, unas personas muy atentas nos entregaron un plan de lectura de la Biblia y nos aconsejaron que comenzáramos a leerla… ¡y eso significaba que necesitábamos Biblias!

Fuimos inmediatamente del cuarto de oración a la librería de la iglesia y compramos dos Biblias iguales, y a la mañana siguiente abrimos nuestras flamantes Biblias y comenzamos a leer en Génesis 1:1.

Poco después de empezar a leer nuestras Biblias todas las mañanas, asistimos a un seminario bíblico y nos dieron instrucciones de leer diariamente un capítulo de Proverbios; el capítulo que correspondiera al día del mes. Por ejemplo, si era el tercer día del mes, debíamos leer Proverbios 3. El líder del seminario explicó que la lectura del libro de Proverbios nos daría dirección para nuestras *vidas prácticas* y leer los Salmos nos daría dirección para nuestras *vidas devocionales.*

¡Y es cierto! El libro de Proverbios es el consejo de Dios desde lo alto para tu conducta y la mía aquí abajo. A través de la lectura diaria de un capítulo de Proverbios recibimos palabras inspiradas por Dios sobre las costumbres del mundo, y sobre cómo vivir una vida devota en medio de él. Tal como afirma Proverbios 1:3, uno de los resultados de leer este libro es «recibir el consejo de prudencia». Como sabía que necesitaba desesperadamente este tipo de ayuda, aquel mismo día comencé a leer diariamente un capítulo de Proverbios.

Según hacía fielmente mis recorridos habituales por el libro de Proverbios, descubrí una realidad práctica: en Proverbios hay muchísimos dichos de verdad útiles y se supone que meditemos, reflexionemos y nos deleitemos en ellos. Su intención es que nos lleven a analizar sus consejos e implicaciones para los retos de una vida cotidiana ajetreada e intensa. Poco tiempo después, comencé a hacer anotaciones en los márgenes de mi Biblia sobre diferentes asuntos; temas y versículos que iban dirigidos simplemente a mujeres como tú y yo.

Después de más de cuarenta años leyendo Proverbios casi todos los días, mi propósito con este libro es tener una charla franca e íntima contigo, como mujer. Estoy usando mis anotaciones personales, notas de estudio y aplicaciones de los treinta y un capítulos de Proverbios. He seleccionado cuidadosamente una serie de temas específicos de los que me he beneficiado como mujer, esposa, madre e hija. Y fue una alegría absoluta escribir una oración de apertura para cada capítulo. Escribí estas oraciones desde lo profundo de mi corazón con el propósito de que las ores desde tu corazón a nuestro Padre celestial conforme te acercas diariamente a su sabiduría.

Mi querida amiga lectora, ¡mi oración es que te enamores del libro de Proverbios! Que recibas sus enseñanzas con los brazos abiertos. Que crezcas en la sabiduría de Dios y seas bendecida conforme la usas y la aplicas en tu vida cotidiana. Que cada día quieras aprender más de este refrescante, útil y poderoso libro de la Biblia.

> *Ahora, pues, hijos, oídme,*
> *y bienaventurados los que guardan mis caminos.*
> *Atended el consejo, y sed sabios,*
> *y no lo menospreciéis.*
> *Bienaventurado el hombre que me escucha,*
> *velando a mis puertas cada día,*
> *aguardando a los postes de mis puertas.*
> *Porque el que me halle, hallará la vida,*
> *y alcanzará el favor de Jehová* (Pr. 8:32-25).

En el eterno amor del Señor,

Elizabeth George

El comienzo de todos tus días: Sabiduría

Para entender sabiduría y doctrina, para conocer razones prudentes, para recibir el consejo de prudencia, justicia, juicio y equidad.

PROVERBIOS 1:2-3

Oración

Padre omnisciente y de toda sabiduría, mi corazón te da las gracias porque te preocupas tanto por tu creación que te aseguras de que tengamos todo lo necesario para manejar cada día de nuestra vida. Mientras pienso en este día, oh Señor, y todo lo planificado, y todo lo que necesito... y todas las tentaciones, interrupciones y crisis que puedo encontrar, te ruego una vez más: «Señor, ¡dame sabiduría! La necesito para enfrentar este día de una manera que te agrade y que lleve la marca de tu sabiduría. Amén».

Todavía me encanta la película *La novicia rebelde*, y también a mis dos hijas. Guardamos gratos recuerdos de las veces que la vimos juntas y cantamos a coro muchas de sus canciones inolvidables. ¡Sin duda un clásico maravilloso! ¿Recuerdas cuando María les enseñaba a los niños von Trapp los fundamentos de la música y les pedía «empecemos desde el principio»?

Aprender muchos de los dichos sabios en el libro de

Proverbios también requiere que empecemos desde el principio. Prepárate para ser bendecida por la belleza y los aspectos prácticos de la sabiduría de Dios para tu diario vivir.

Un recorrido por Proverbios

Recién me convertí al Señor me aconsejaron que considerara seriamente leer un capítulo de Proverbios todos los días, ¡y simplemente comencé a hacerlo! Tenía tantos deseos de crecer como cristiana, ¡que no me había dado cuenta de que las sugerencias de la gente a veces podían ser opcionales! Solo puedo decir que agradezco a Dios cada vez que abro el libro de Proverbios para recibir sabiduría fresca para mi día. Lo alabo porque Él movió mi corazón para que deseara participar en este ritual dulce, sencillo y transformador de pasar cerca de dos minutos cada día leyendo un capítulo de la sabiduría de Dios para mi vida… y mi día.

El día que comencé a leer Proverbios era el día 19 del mes, así que comencé en Proverbios capítulo 19. Como deseaba ser fiel, leí todos los días por el resto del mes, y fui avanzando con dificultad por la segunda mitad de Proverbios por primera vez… y al día siguiente comencé otra vez… Día 1 del mes siguiente.

¡Y cada día sentía el deseo de arrodillarme delante de Dios en acción de gracias por lo que estaba aprendiendo del libro de Proverbios! Por fin estaba encontrando ayuda y dirección reales para algunos de mis problemas habituales. Y además, estaba catalogando muchos consejos prácticos para la vida cotidiana.

Tengo que reconocer que cuando trataba de descifrar el significado de muchos de los proverbios me rascaba la cabeza, confundida. Me parecían enigmas. Sin embargo, con el tiempo, ocurrió algo extraordinario: mientras más leía, más veía y más entendía. ¡Empecé a captar lo que decían, a comprenderlos! Y descubrí que cuando comenzaba otra vez cada mes me saltaban a la vista más verdades transformadoras. De hecho, sin darme cuenta, me memoricé varios proverbios claves. ¡Simplemente se aferraron a mi alma y me acompañaban cada minuto para guiarme y alentarme!

Algunos años más tarde seguía leyendo Proverbios todos los días, pero ahora también estudiaba la información provista en las notas de un estudio bíblico. Y, poco tiempo después, ya estaba suplementando mi lectura diaria de Proverbios con tomos completos de comentarios sobre el libro de Proverbios. Justo ahora, mientras escribo, en mi mesita de noche hay por lo menos trece libros que examinan versículo por versículo todo el libro de Proverbios.

Cuando miro en retrospectiva, mi jornada de estudio ha sido como observar un capullo cerrado abriéndose poco a poco, día a día, y transformarse en una flor abierta, exuberante e impresionante. Y bendición sobre bendición, cada vez que leo los treinta y un capítulos de Proverbios, encuentro más sabiduría que me ayuda con mis retos diarios y con las decisiones que tengo que tomar.

Todos los días anhelaba —y estaba recibiendo— lo que prometía Proverbios 1:2-6 (nvi): yo deseaba «adquirir sabiduría y disciplina; para discernir palabras de inteligencia; para recibir la corrección que dan la prudencia, la rectitud, la justicia y la equidad».

~ Necesitaba de la Palabra de Dios que infunde «sagacidad en los inexpertos», para poder recibir, como nueva cristiana, «conocimiento y discreción».

~ Anhelaba ser la persona sabia que «escuche esto… y aumente su saber», la persona «entendid[a]» que «adquirirá consejo», la persona sabia que va a «discernir el proverbio y la parábola, los dichos de los sabios y sus enigmas».

Aún, actualmente, cada vez que leo mi proverbio para el día no puedo evitar pensar en estas palabras, que se han convertido en una oración que nace de mi corazón:

> Un hombre verdaderamente sabio no es aquel que lo ha alcanzado, sino el que sabe que no lo ha alcanzado y que todavía sigue avanzando hacia la perfección.[1]

Como una mujer conforme al corazón de Dios, estoy segura de que también anhelas estas mismas bendiciones. Entonces, empecemos desde el principio, aquí y ahora, con Proverbios 1. Abracemos los Proverbios. Hagamos una pausa y pidámosle a Dios que nos ayude a desarrollar un corazón comprensivo y un alma llena de sabiduría que mejorará nuestro diario vivir.

El corazón y el alma de la sabiduría

La fuente de la sabiduría es Dios: «Porque Jehová da la sabiduría, y de su boca viene el conocimiento y la inteligencia» (Pr. 2:6).

Todo tiene una fuente. Todo tiene que empezar en algún sitio. Hace algunos años, nuestra familia estuvo de vacaciones en Montana que es un estado *inmenso*, y créeme cuando te digo que manejamos m-u-c-h-o. Una mañana memorable, cruzamos un puente con un letrero que decía «Río Missouri» y esto provocó una de esas reacciones del tipo «¡Espera un momento!». Nuestra familia había visitado antes la ciudad de St. Louis, Missouri, y habíamos visto la anchura impresionante del río Missouri, justo antes de desembocar en el imponente río Mississippi. En Montana, este río era diminuto —poco

---

1. George F. Santa, *A Modern Study in the Book of Proverbs* (Milford, MI: Mott Media, 1978), p. 2.

más que un riachuelo— al compararlo con lo que habíamos visto en St. Louis. Así que Jim dio marcha atrás en nuestra casa rodante Volkswagen para asegurarnos de que no habíamos leído mal. Y, efectivamente, era el principio del río Missouri y no estábamos muy lejos de su fuente.

Cuando pensamos en la naturaleza de Dios, necesitamos recordar esta verdad importante: todo tiene su fuente… *excepto* Dios. Dios *es* la fuente de todas las cosas. Los cielos y la tierra tienen su fuente en Dios. Todos los seres humanos —tú entre ellos— tienen su principio en Dios. Y la sabiduría se origina en Dios: Dios *es* sabiduría, y su sabiduría y conocimiento no se derivan de nadie porque toda sabiduría verdadera tiene su fuente en Dios.[2]

La sabiduría es más que conocimiento: «Bienaventurado el hombre que halla la sabiduría, y que obtiene la inteligencia» (Pr. 3:13).

Puedes agradecer a Dios el que no necesites educación formal para entender la sabiduría registrada en Proverbios. Y es así porque la sabiduría es la capacidad de pensar claramente y tomar decisiones sabias, aun (¡y sin duda alguna para una mujer, esposa, mamá y trabajadora ocupada!) cuando estás bajo presión, y en medio de las situaciones difíciles y las emergencias de la vida. Esta, mi querida amiga, es la clase de sabiduría que necesitamos para llevar una increíble carga de responsabilidades y estrés todos los días.

La sabiduría está disponible y la recibimos gratuitamente: Proverbios 1 deja perfectamente claro que Dios desea que su pueblo sea sabio y prudente (vv. 2, 33). De hecho, Dios se aseguró de que todas y cada una de nosotras tuviera fácil acceso a la sabiduría. Está disponible justo en la Biblia —*tu* Biblia—

---

2. Ver Génesis 1:1, 26-27; Esdras 7:25; Job 21:22.

para cada día de tu vida. Tal como afirma Proverbios 3:13: «Bienaventurado el hombre que halla la sabiduría».

La sabiduría se adquiere de distintas maneras: Tal como el río Missouri tiene una fuente, también tiene muchos afluentes que añaden a su tamaño y poder según fluye hacia su destino. Lo mismo sucede con la sabiduría de Dios:

～ Adquieres sabiduría en tu caminar con Dios. El fundamento de la sabiduría es saber y reconocer que «el principio de la sabiduría es el temor de Jehová» (Pr. 1:7). Conforme honras y valoras a Dios, y vives asombrada de su presencia y poder, tomas las decisiones que Él aconseja en su Palabra y lo amas con todo tu corazón, alma, mente y fuerzas, su sabiduría se convierte en tu sabiduría. Es tuya a medida que «temes» al Señor... cuando caminas con Él, le honras a Él, vives por Él y lo sigues a Él de todo corazón. Intercambias tu voluntad por su sabiduría.

～ Adquieres sabiduría de la Palabra de Dios. Leer la Biblia puede convertirte en una persona sabia; más sabia que tus enemigos, tus maestros, y aun más que esas personas con más edad y experiencia que tú. ¡Ama la Palabra de Dios! Guárdala primero en tu corazón y mente, y obedécela.[3]

Repasar un estudio devocional como este durante tus días ajetreados y difíciles, te ayudará a sumergirte en la Biblia y a sacar mayor provecho de ella. Según vayas adquiriendo la sabiduría de la Palabra de Dios, esta marcará una poderosa diferencia en ti, en tu vida... y en tu día.

---

3. Ver el Salmo 119:98-100.

∼ Adquieres sabiduría al rodearte con gente de Dios. Ir a la iglesia y adorar a Dios comienza tu semana con un enfoque sólido. Cuando compartes con otras personas, te das cuenta que tienen sabiduría que compartir contigo. Como dice Proverbios 1:5, que ya mencionamos: «Oirá el sabio, y aumentará el saber, y el entendido adquirirá consejo». Y como establece un principio clave en Proverbios 12:15: «El camino del necio es derecho en su opinión; mas el que obedece al consejo es sabio».

∼ También adquieres sabiduría a través de mentoras y maestras espiritualmente maduras. Observa sus vidas. Hazles preguntas y lee consejos sabios de otras personas a través de libros cristianos. En ambos casos, aprendes y creces mientras buscas la sabiduría de otros creyentes.

*S*abiduría de Dios...
para tu día

Mientras recorres diariamente los Proverbios, comenzando en el capítulo 1, no puedes ignorar que el diablo hace su mejor trabajo en secreto y solicita nuevos seguidores en la oscuridad. Sin embargo, la sabiduría de Dios es pública. La tienes en tu cara, por así decirlo. ¡No puedes pasarla por alto! Está disponible hasta en la plaza del pueblo. De hecho, no puedes evitarla porque como dicen los versículos 20 y 21: «La sabiduría clama en las calles, alza su voz en las plazas; clama en los principales lugares de reunión; en las entradas de las puertas de la ciudad dice sus razones».

¿Qué problemas y pruebas estás atravesando hoy? ¿Esta semana? ¿Este mes? ¿Estás luchando con tus funciones y responsabilidades? ¿Enfrentas un momento decisivo en tu carrera profesional? ¿Necesitas dirección para lidiar con un familiar, una amiga, un compañero de trabajo o tus finanzas? ¿O necesitas un poco de ayuda en todo lo anterior? Entonces necesitas sabiduría... sabiduría de Dios.

Entonces, ¡no esperes más! Dios te promete sabiduría... y es gratuita y fácil de adquirir. Tu trabajo es orar, buscar, investigar y extraer la sabiduría de Dios en su Palabra. El trabajo de Dios —y su promesa para ti— es darte toda la sabiduría que le pidas... y toda la sabiduría que necesites.[4]

¿Entiendes el significado de esto? Quiere decir que no importa qué asunto o problema estés enfrentando, no tienes que buscar a tientas en la oscuridad, esperando de

---

4. Ver Proverbios 2:2-6.

alguna manera tropezarte con la respuesta. No tienes que probar una solución y esperar haber tomado la decisión correcta, la decisión sabia, y todo el tiempo temer que tal vez tomaste la equivocada. No, tienes una manera más segura para enfrentar los problemas de la vida… ¡y recibir la paz mental de Dios en el proceso!

Cada vez que necesites sabiduría, puedes orar a Dios, pedirle a Dios, buscar en la Palabra de Dios… ¡y recibirás sabiduría!

Y esta es otra bendición increíble que puedes esperar cuando buscas diariamente la sabiduría de Dios. Como mujer, es una de mis preferidas. ¡Tenemos que cuidar de, preocuparnos por, temer de y guardarnos de muchísimas cosas! Cada minuto de cada día está lleno de temores e impregnado de ansiedad. Pero este proverbio mitiga todos tus temores. Es una verdad y una promesa:

> *Mas el que me oyere [sabiduría], habitará*
> *confiadamente*
> *y vivirá tranquilo, sin temor del mal*
> (Pr. 1:33).

2

Instruye con pasión: Crianza de los hijos

Hijo mío, si recibieres mis palabras, y mis mandamientos
guardares dentro de ti, haciendo estar atento tu
oído a la sabiduría; si inclinares tu corazón a
la prudencia... entonces entenderás el temor de
Jehová, y hallarás el conocimiento de Dios.

PROVERBIOS 2:1-2, 5

Oración

Señor, cuando leo estos versículos me sorprende la vehe-
mencia en las palabras de un padre que está instruyendo
a sus hijos. Entonces me doy cuenta y reconozco que tú,
mi Padre celestial, me estás rogando y llamando a ser una
mujer que busque tu sabiduría divina a través de tu Pa-
labra. Hoy quiero estar más atenta a tu sabiduría. Me
propongo inclinar mi corazón para comprender mejor tu
majestad, tu voluntad y tus caminos. Abre mis ojos —y
mi corazón— para que pueda entender mejor cómo ado-
rarte y descubrir más sobre ti, amado Señor... ¡mucho
más! Amén y amén.

No podía creerlo. Era viernes y mis amigas habían planificado una noche muy divertida. Pero mi padre echó
todo a perder cuando vetó mis planes de salir con mis amigas

aquella noche. Tenía el rostro rojo por la vergüenza cuando llamé a mi mejor amiga para que les dijera a las demás que no podría salir con ellas. Sabía que sería el hazmerreír del grupo por varias semanas. Y sobra decir que pasé toda la tarde llorando con mi cabeza hundida en mi almohada.

¿Recuerdas tu vida cuando tenías dieciséis años? Las amistades y los corrillos (¡y los muchachos!) eran el centro de tu universo. Por eso me emocioné muchísimo cuando un grupo de chicas populares me invitó a participar de sus actividades de viernes por la noche.

Créeme, no tenía ganas de ir a la escuela el lunes. Quería quedarme en casa, pero mi papá me llevó personalmente a la escuela. Cabizbaja, subí los escalones hasta la entrada de mi escuela secundaria sintiéndome como si me dirigiera a la horca... solo para llevarme la sorpresa de mi vida. Al parecer, la policía había arrestado a mi grupito de chicas divertidas porque se habían marchado del autoservicio de un restaurante de comidas rápidas con la bandeja y los vasos de cristal en su auto. Los padres de todas las chicas tuvieron que ir a la comisaría para buscar a sus hijas. Probablemente no necesite decir esto, pero... ¡me sentí taaaan feliz de que mi papá me hubiera dicho que no saliera aquella noche!

Y, como seguramente imaginarás, mi respeto y disposición para escuchar a mi papá (y a mi mamá) subió hasta las nubes. ¡Él era más inteligente de lo que jamás había imaginado! Y esa no fue la última vez que su sabiduría me rescató de decisiones difíciles y me dirigió.

¡Y la vida continuó...! Diez años más tarde, yo era la mamá quien, junto a mi esposo, era responsable de dos niñitas. Por alguna razón, no había heredado el gen de la sabiduría y no tenía la más remota idea de cómo criarlas... ¡ni de cómo vivir mi propia vida! Pero, afortunadamente, la Palabra de Dios vino en mi rescate cuando comencé a leer un capítulo de Proverbios todos los días.

La crianza de los hijos

Si bien encontramos instrucciones de Dios para la crianza de los hijos en casi todos los capítulos de Proverbios, el capítulo 2 está literalmente repleto de dirección divina y sólida para los padres. En cada versículo encontramos mensajes, advertencias e instrucciones para enseñar a nuestros hijos. La intención de esta sabiduría es preparar a cada hijo e hija para enfrentar la vida y evitar sus escollos. ¿Cómo dice Proverbios que se hace esto?

Como padres, tenemos que hablar sin miedo. «Si recibieres mis palabras, y mis mandamientos guardares dentro de ti» y «atended el consejo, y sed sabios» (Pr. 2:1; 8:33). He leído tantas veces estas palabras que ya están grabadas en mi corazón y en mis pensamientos. Con pasión y con amor ferviente por Dios y por nuestros hijos, ¡los padres tenemos que expresarnos sin miedo! La «sabiduría» se describe como una mujer; una mujer bastante comunicativa y elocuente que no se avergüenza ni teme decir lo que piensa. Ella «clama en las calles, alza su voz en las plazas» (1:20). No hay nada casual o indiferente en su afán de que los demás sean sabios. Y por nuestros hijos, la enseñanza de la sabiduría debe ser aún más vehemente.

En las condiciones ideales, ambos padres instruyen y disciplinan a los hijos. Si no es el caso en tu familia, entonces tú, querida mamá, tienes que enrollarte las mangas maternales, y enseñar y preparar a tus hijos en los caminos del Señor. Esto dificulta la instrucción de tus preciados hijos, pero, sin duda, lo hace más importante —de hecho, vital— porque en este caso si Mamá no instruye y guía a su prole, es posible que nadie más lo haga.

A pesar de tu situación, no te des por vencida. La sabiduría es un requisito indispensable en la vida de tus hijos y para su bienestar. Como madre sabia, comprométete con esta responsabilidad. Aprópiate de ella. Sé fiel a lo que Dios te ha llamado a hacer como madre. Y ora para que Dios te dirija. Coloca esto en el tope de tu lista de oración diaria: «Señor, te ruego que me ayudes a estar más alerta con mis hijos. Ayúdame a hablar sin miedo y aprovechar cada oportunidad para compartir con ellos tus verdades».

Según seamos fieles en cumplir las instrucciones que Dios nos da como madres para enseñarles su sabiduría a nuestros hijos, Él nos capacitará fielmente para hacerlo. Depende de Él. Habla con Él. Confía en Él. Anhela ser una mamá conforme al corazón de Dios; una mamá que hará la absoluta voluntad de Dios, incluyendo enseñar sabiduría a sus hijos.

Me encantan las palabras que escribió un padre consagrado a sus dos hijos adolescentes. A modo de resumen sobre los beneficios de adquirir sabiduría y responder al llamado de Dios a ser sabios, él escribe:

> [Proverbios] pronuncia una bendición sobre aquellos que prestan atención a su enseñanza, y camina en sus senderos. Les promete felicidad a los que esperan con fervor a sus puertas; a los que velan fielmente a su entrada. Les ofrece vida y favor divino a aquellos que la encuentran, pero pérdida personal y muerte a los que la dejan pasar.[1]

Bendición. Felicidad. Vida y favor divino. Esto es lo que nosotras, las mamás, deseamos para nuestros hijos; la razón para hablar sin miedo, nuestro motivo de vivir… y por lo que moriríamos.

Como padres, tenemos que proteger a nuestros hijos. No solo tienes que hablar sin miedo, también tienes que vigilar y

---

1. William MacDonald, *Enjoying the Proverbs* (Kansas City, KS: Walterick Publishers, 1982), p. 50.

proteger a tu familia. Tengo decenas de proverbios que recito diariamente mientras sobrevivo otro día de locuras y retos. Uno de ellos es Proverbios 31:27, porque describe el corazón de una esposa, madre y supervisora del hogar excelente: «Está atenta a la marcha de su hogar» (NVI). Otra traducción que me gusta mucho dice simplemente: «Siempre está pendiente de su casa y de que todo marche bien» (TLA).

La imagen de un atalaya era una realidad cotidiana y familiar en los días en que se escribió el libro de Proverbios. Además, es un tema importante en sus primeros capítulos: el papel de los padres es vigilar alertar. La imagen real de la mujer que está atenta a los asuntos del hogar ¡es de alguien que tiene ojos en la parte de detrás de su cabeza! Ella mira por todas partes y así no se pierde ningún detalle.[2]

Un vistazo rápido a las funciones de un atalaya nos lleva a Ezequiel, uno de los profetas mayores del Antiguo Testamento. Dios escogió a Ezequiel para que fuera centinela de su pueblo, y le dijo: «te he puesto por atalaya a la casa de Israel, y oirás la palabra de mi boca, y los amonestarás de mi parte» (Ez. 33:7).

Dios le dijo a Ezequiel lo que tenía que hacer como atalaya cuando viera al enemigo. Tenía que tocar la trompeta y avisarle al pueblo. Si el pueblo escuchaba el aviso de parte de Dios por medio del profeta, pero decidía no responder, entonces el pueblo sería responsable por las consecuencias de su indiferencia (vv. 3-4).

Luego, Dios le advirtió a Ezequiel: «Pero si el atalaya viere venir la espada y no tocare la trompeta, y el pueblo no se apercibiere… demandaré su sangre [la sangre del pueblo que no se preparó] de mano del atalaya» (v. 6). En otras palabras, si el atalaya fallaba en advertir al pueblo, él era responsable y tenía que pagar con su vida por no haber prevenido al pueblo.

---

2. Cheryl Julia Dunn, *A Study of Proverbs 31:10-31*, tesis de posgrado (Biola University, 1993), p. 144.

Como madre, al igual que Ezequiel, tienes que *vigilar* a tu familia, *escuchar* lo que Dios dice en su Palabra y *enseñárselo* a tus hijos. ¿Qué deberías vigilar?

~ ¿Qué está ocurriendo en sus vidas en este momento? Si está ocurriendo algo nuevo (como una escuela nueva o una casa nueva en una ciudad nueva), ¿cómo está afectando a tus hijos?

~ ¿Quiénes son sus amistades? ¿Qué tan bien las conoces?

~ ¿Has notado algún cambio negativo en sus actitudes y estados de ánimo?

~ ¿Ves algunas señales de rebelión hacia ti o tu autoridad como madre?

~ ¿Has visto cambios en su apariencia o en la vestimenta que están usando?

~ ¿Ha cambiado su actitud hacia los asuntos espirituales?

Si tienes un jardín, probablemente miras todos los días tus plantas, vegetales, frutas o flores. Si necesitan agua, alimento para plantas o que las podes, atiendes la necesidad. Igual que el cuidado de tu jardín, se requiere tiempo para vigilar a tus hijos y prevenirlos. Exige atención y acción diarias. Ser un padre que instruye con pasión requiere que dejes de hacer lo que estás haciendo, y les dediques tiempo y atención a tus hijos. No permitas que tu vida y tus días estén tan ocupados que descuides la instrucción de tus hijos, y dejes de señalarle los caminos de Dios. La espera aumenta la posibilidad de que el enemigo pueda traspasar las paredes del corazón de tu hijo. ¡No bajes la guardia como atalaya! Habla sin miedo y haz algo… ¡ahora!

Sabiduría de Dios... para tu día

He aquí un reto y una palabra de aliento para todas las mujeres: regálales a tus hijos una vida con menos problemas. Para lograrlo, tienes que presentarles la verdad y la sabiduría de Dios que los mantendrá fuera de peligro hoy y en el futuro. Dales el discernimiento que necesitan para mantenerse alejados de personas malvadas, que se deleitan en el mal y que desean atraer al pecado a tus preciados corderos.

La mejor manera de enseñarles esto a tus hijos es practicar y ser un ejemplo vivo de la sabiduría de Proverbios. ¿Te reúnes todos los días con Dios y escuchas su voz de sabiduría? ¿Prestas atención y sigues sus instrucciones? ¿Su consejo? ¿Sus advertencias? ¿Escondes en tu corazón las verdades de su sabiduría? Ante todo, *sé* una mujer de sabiduría. Luego, si tienes hijos, asegúrate de hablar sin miedo cuando haga falta disciplina y dirígelos diariamente a la sabiduría de Dios. Entonces, Dios mediante, tal como dice Proverbios 2:11-12, «la discreción» guardará a tus hijos y «la inteligencia» los protegerá, para librarlos «del mal camino». Dicho de forma sencilla: «La verdad es la protectora de todo mal».[3]

Protégete hoy del mal viviendo según la sabiduría. Luego, envuelve a tus hijos con el mismo manto protector de la sabiduría.

---

3. John MacArthur, *The MacArthur Study Bible* (Nashville, TN: Nelson Bibles, 2006), p. 867. (*Biblia de Estudio MacArthur*, [Grupo Nelson, 2011]).

3

Encuentra paz en un mundo caótico: Confianza en Dios

Sus caminos son caminos deleitosos,
y todas sus veredas paz.

PROVERBIOS 3:17

Oración

Amado Padre de todo consuelo, sería muy fácil deses-
perarme ante tantas preocupaciones como mi salud, mi
familia, mi trabajo, mi futuro y mi país. Sin embargo,
gracias a mi relación con tu Hijo, el «Príncipe de paz»,
puedo sentir paz sobrenatural en mi corazón, mi alma y
mi mente a pesar de mis circunstancias. Permite que tu
paz, que habita en mí, también sea una fuente de paz y
consuelo en mi hogar y para todas las personas con las que
me relacione hoy. Amén.

En muchas ocasiones he pensado escribir un libro titulado *La vida sin un teléfono celular*. Sin embargo, no estoy segura si alguien compraría un libro sobre ese tema. Simplemente, mira a tu alrededor cuando estás en tiendas o en un restaurante… ¡aun en la iglesia! Parece que todo el mundo está mirando hacia abajo, con el rostro resplandeciente, leyendo sus mensajes, mirando alguna red social, escribiendo un mensaje de texto o un correo electrónico, mirando sus fotos, o, buscando información en Wikipedia, como hace a menudo uno de mis yernos.

Tal vez por eso, mi esposo, Jim, y yo amamos nuestro hogar-dulce-hogar en la Península Olímpica en el estado de Washington. Estamos a ocho kilómetros de distancia de un pueblito donde solo hay un semáforo. Excepto por la variedad de sonidos de aves y el chapoteo en el agua, hay silencio la mayor parte del día y de la noche. Y… ¡no hay servicio celular! No sé cómo te suena esto, pero para escritores como Jim y yo, que necesitamos horas de concentración sin distracciones, ¡nuestra cabañita en el bosque es un paraíso en la tierra!

Por eso, cuando llegué al capítulo 3 de Proverbios, mi corazón saltó de alegría porque se especializa en la sabiduría que lleva a un estilo de vida que se distingue por la paz. El capítulo 3 es parte de una serie de nueve capítulos que se enfocan en aprender sobre el valor de la sabiduría y la enseñanza a nuestros hijos y a otros, de modo que puedan disfrutar vidas fructíferas, exitosas y en paz.

Sin el conocimiento y la dirección de la sabiduría de Dios, las perspectivas de una persona serán distorsionadas, y sus elecciones y conclusiones estarán sesgadas; y, como resultado, ¡terminarán tomando malas decisiones y metiéndose en todo tipo de problemas! El verdadero conocimiento —la sabiduría verdadera— solo proviene de Dios. Como ya sabemos, «el principio de la sabiduría es el temor de Jehová» y «Jehová da la sabiduría, y de su boca viene el conocimiento y la inteligencia» (Pr. 1:7; 2:6). Una persona que tiene la sabiduría y la inteligencia de Dios también tendrá la paz de Dios, como consecuencia.

Para transmitir lo que sabemos sobre sabiduría e inteligencia de modo que nuestros hijos y otras personas puedan sentir la paz de Dios, primero tenemos que enseñarles sobre el Dios que está detrás de esa sabiduría; el Dios que «con sabiduría fundó la tierra; afirmó los cielos con inteligencia» (Pr. 3:19). Proverbios 1 nos presenta la sabiduría de Dios. Proverbios 2 enfatiza en la estabilidad moral que llega con sabiduría divina y la capacidad para discernir entre el bien y el mal, y esto resulta en que sigamos el camino de sabiduría de Dios.

La paz de Dios te trae paz

Y ahora, en el capítulo 3, el autor nos muestra cómo la sabiduría fomenta la paz y la serenidad. Puedes tener paz…

…*cuando obedeces las Escrituras*: «Hijo mío, no te olvides de mi ley, y tu corazón guarde mis mandamientos» (Pr. 3:1). Como todos los buenos padres y maestros, la sabiduría quiere lo mejor para sus hijos. Y ella sabe que lo mejor solo llega a través de la obediencia a la buena enseñanza.

…*cuando pones en práctica la Palabra de Dios*: «Nunca se aparten de ti la misericordia y la verdad; átalas a tu cuello, escríbelas en la tabla de tu corazón; y hallarás gracia y buena opinión ante los ojos de Dios y de los hombres» (Pr. 3:3-4). Alguien que tome en serio su conducta externa «atará» la misericordia y la verdad a su cuello. Para asegurarse de no cometer un desliz interno se memorizan las Escrituras; escriben la Palabra de Dios «en la tabla» de su corazón. Memorizar la Biblia entonces les lleva a obedecerla, y así obtienen «gracia y buena opinión ante los ojos de Dios y de los hombres». En otras palabras, la obediencia lleva a una vida de paz y armonía.

…*cuando confías completamente en Dios*: «Confía en el Señor de todo corazón, y no en tu propia inteligencia. Reconócelo en todos tus caminos, y él allanará tus sendas» (Pr. 3:5-6, NVI). La confianza en Dios es el elemento principal para desarrollar un corazón de paz. Cuando una persona está arraigada en obediencia a una buena enseñanza, entonces está más dispuesta a querer confiar en Dios en todas las áreas de su vida. Como resultado, «él allanará tus sendas». No existe una paz más grande que saber que estás en el camino correcto.

...cuando le confías tu dinero a Dios: «Honra a Jehová con tus bienes, y con las primicias de todos tus frutos; y serán llenos tus graneros con abundancia, y tus lagares rebosarán de mosto» (Pr. 3:9-10). Somos los mayordomos responsables de administrar los recursos de Dios. Es nuestro privilegio usar lo que Él nos da para trabajar en beneficio de su reino. Cuando reconocemos y aceptamos que todo lo que tenemos es de Dios, entonces no nos aferramos con fuerza a lo material porque nos aferramos con fuerza a Dios. No importa si el mercado de valores sube o baja, o si los tiempos son difíciles y el dinero escasea, podemos disfrutar de paz absoluta porque nuestro tesoro está en los cielos.

...cuando aceptas la disciplina de Dios: «Hijo mío, no desprecies la disciplina del Señor, ni te ofendas por sus reprensiones. Porque el Señor disciplina a los que ama, como corrige un padre a su hijo querido» (Pr. 3:11-12, nvi). Cuando tú y yo nos sometemos a la disciplina de Dios, tenemos certeza y paz mental porque reconocemos que Dios tiene un propósito. Y, como proviene de un Dios amoroso que todo lo sabe, no importa la disciplina que recibamos, podemos confiar que es para nuestro bien y para su gloria. La disciplina es prueba del amor de Dios y la corrección es evidencia de que somos sus hijas.[1]

...cuando atesoras la sabiduría: la sabiduría es «Más preciosa... que las piedras preciosas; y todo lo que puedes desear, no se puede comparar a ella» (Pr. 3:13-18). Las bendiciones

---

1. Ver Hebreos 12:6-8.

que ganamos a través de la sabiduría son mejores que la plata, el oro, las joyas y cualquier otra cosa que desees. La paz es una recompensa de incalculable valor por buscar y encontrar la sabiduría: «Sus caminos son caminos deleitosos, y todas sus veredas paz... y bienaventurados son los que la retienen» (vv. 17-18).

...cuando repasas constantemente la Palabra de Dios (Pr. 3:21-26). Para enfatizar aún más la importancia de repasar sus enseñanzas a cada instante, la sabiduría clama una vez más:

> *Hijo mío, no se aparten estas cosas de tus ojos;*
> *guarda la ley y el consejo,*
> *y serán vida a tu alma,*
> *y gracia a tu cuello* (Pr. 3:21-22).

Antes mencioné que la sabiduría es muy parecida al sentido común o la «discreción». El sentido común es la capacidad que Dios le da a todo el mundo para pensar y tomar buenas decisiones. Sin embargo, la sabiduría es algo que Dios da solo a aquellos que le siguen, y se perfecciona a través del conocimiento recibido de la enseñanza, el conocimiento y la disciplina.[2] Cuando repasas constantemente la Palabra de Dios y sigues su sendero de sabiduría y discreción, puedes caminar seguro, dormir tranquilo y experimentar la paz de Dios en todas las facetas de tu vida estresada.

Fíjate en las muchas promesas que hay en los hermosos y tranquilizadores versículos a continuación. Puedes leerlos como una bendición de Dios para ti; una bendición sobre tu día... y tu vida. Permite que alienten tu corazón y te den paz.

> *Entonces andarás por tu camino confiadamente,*
> *y tu pie no tropezará.*

---

2. Ver Proverbios 1:7; 2:5; 3:7.

Cuando te acuestes, no tendrás temor,
sino que te acostarás, y tu sueño será grato.
No tendrás temor de pavor repentino,
ni de la ruina de los impíos cuando viniere,
porque Jehová será tu confianza,
Y él preservará tu pie de quedar preso
(Pr. 3:23-26).

...cuando practicas continuamente la integridad (Pr. 3:27-32): es triste, pero lo cierto es que con frecuencia tenemos conflictos con otras personas por hacer lo que es correcto. Esta última sección comienza con cinco «no» que nos explican qué tenemos que hacer para vivir con integridad.

¿Cómo es una persona íntegra? Es alguien que camina siempre con Dios, y...

no es egoísta,
no es tacaña,
no trama hacer daño,
no es polémica ni contenciosa, y
no envidia el mal (vv. 27-31).

Sí, es posible que a ti y a mí nos fastidien porque siempre queremos hacer lo correcto. Sin embargo, cuando lo hacemos, no tenemos que preocuparnos por nuestras acciones delante de Dios. Podemos terminar cada día con paz mental porque sabemos que hemos honrado a Dios al vivir con integridad.

En el Antiguo Testamento, Daniel fue ese tipo de persona. Cuando unos hombres malvados intentaron encontrar algún motivo para acusarlo delante del rey, Daniel 6:4 dice: «mas no podían hallar ocasión alguna o falta, porque él era fiel, y ningún vicio ni falta fue hallado en él». ¡Con razón, en Daniel 10 el ángel se refiere a él dos veces como varón «muy amado»!

Así es como Dios ve la integridad, y estas palabras pintan un cuadro de cómo luce y qué representa. Sin duda, ¡esta cualidad también debe ser nuestra meta!

*S*abiduría de Dios... para tu día

Como cristiana, ya sabes que Jesucristo te da una «paz posicional»; una paz que viene de conocer a Dios a través de su Hijo. Sin embargo, Proverbios 3 habla de la paz que sientes cuando vives de acuerdo con la sabiduría práctica de Dios, como la que encontramos en el libro de Proverbios. Solo en este capítulo, Proverbios te enseña que la paz es el resultado de estas prácticas:

...obedecer las Escrituras

...aplicar la Palabra de Dios

...confiar completamente en Dios

...confiar tu dinero a Dios

...aceptar la disciplina de Dios

...atesorar la sabiduría de Dios

...repasar constantemente la Palabra de Dios

...practicar continuamente la integridad

A medida que enfrentes las alegrías y las tristezas de hoy, sus retos y sus satisfacciones, elige la práctica de la lista anterior que puede ayudarte a vivir tu día con una paz que sobrepase todo entendimiento; una paz que solo puede venir del Príncipe de paz. Tal como oró Pablo: «Y el Dios de paz sea con todos vosotros. Amén» (Ro. 15:33).

4

Guarda tu corazón: Vigilancia

Sobre toda cosa guardada, guarda tu corazón; porque de él mana la vida.

PROVERBIOS 4:23

Oración

Padre celestial, soy tu hija agradecida y hoy te doy gracias por guardarme con tanta cautela. Permíteme guardar mis caminos y mi corazón con ese mismo cuidado, y seguirte todos los días de mi vida. Anhelo con toda mi alma dejar a un lado todas mis excusas y mi vagancia, y ocuparme fielmente de la condición de mi corazón y aferrarme con todas mis fuerzas a tu Palabra. Amén.

Algo que me encanta de Proverbios 4 es que tenemos la oportunidad de conocer a una familia en la que tres generaciones han corrido la carrera de criar a sus hijos. El escritor enlaza tres generaciones: a su padre, a él mismo y ahora a su hijo (vv. 1, 3). Él demuestra cómo un amor por lo que es mejor («buena enseñanza», v. 2) se transmite principalmente por medio de la influencia personal a través de muchos años. Dos vidas enteras ya han sido vividas en este adiestramiento (el abuelo y el padre), y ahora la tercera generación está por asumir el reto de vivir una vida de sabiduría piadosa.

Lleguemos al corazón del asunto

Proverbios 4 señala claramente que el corazón es el centro de todas tus acciones y conducta. Por lo tanto, tú y yo tenemos que «sobre toda cosa guardada, [guardar nuestro] corazón; porque de él mana la vida» (v. 23).

El corazón es un tema popular tanto dentro como fuera de la Biblia donde la palabra «corazón» aparece más de 800 veces. En el libro de los Salmos encontramos la mayoría de las referencias (127 veces), pero Proverbios, que es mucho más corto, es el segundo con 69 referencias. Como puedes notar, el corazón es un tema clave en Proverbios.

¿Por qué Proverbios y Dios, su autor supremo, fijarían su atención en el corazón? He aquí una definición que ayuda a explicar cómo los hebreos pensaban sobre «el corazón»:

> ...en esencia, era la totalidad del hombre, con todos sus atributos físicos, intelectuales y psicológicos... Se entendía que el corazón era el centro de todo esto... Es el corazón el que gobierna todas las acciones, el carácter, la personalidad, la voluntad y la mente.[1]

Podríamos decir que el corazón es el centro de control de una persona. Esto se aplica a nuestras acciones y actitudes. Ellas son un reflejo de nuestros corazones. Proverbios 4:23 dice que el corazón —nuestro centro de control— es el foco de atención de nuestra conducta: «de él mana la vida». Todo lo que hacemos, decimos y pensamos es una expresión de la condición del corazón y lo que se desborda de él. Por ende, la vigilancia y el cuidado de nuestro corazón no pueden ser algo casual.

---

1. J. D. Douglas, *The New Bible Dictionary*, ed. gen. (Grand Rapids, MI: Wm. B. Eerdmans Publishing Co., 1978), p. 509.

Y no solo es vigilancia y cuidado, sino una vigilancia y un cuidado diligente: «Por sobre todas las cosas cuida tu corazón» (NVI). La diligencia tiene la idea de apostar a un guardia para que vigile constantemente. La diligencia envuelve y requiere un esfuerzo continuo, serio y enérgico todo el día, todos los días y de por vida.

He aquí únicamente algunos de los muchos proverbios sobre el corazón que encontramos solo en los primero cuatro capítulos de Proverbios. Todos ellos ofrecen motivación e instrucción para tu corazón y hablan de la importancia y el cuidado de tu corazón.

> *Haciendo estar atento tu oído a la sabiduría;*
> *si inclinares tu corazón a la prudencia.* (2:2)

> *Pues la sabiduría entrará en tu corazón,*
> *y el conocimiento te llenará de alegría.* (2:10, NTV)

> *Hijo mío, no te olvides de mi ley,*
> *y tu corazón guarde mis mandamientos.* (3:1)

> *Nunca se aparten de ti la misericordia y la verdad;*
> *átalas a tu cuello, escríbelas en la tabla de tu corazón.* (3:3)

> *Fíate de Jehová de todo tu corazón,*
> *Y no te apoyes en tu propia prudencia.* (3:5)

> *Mi padre me instruyó de esta manera:*
> *«Aférrate de corazón a mis palabras».* (4:4, NVI)

Lecciones de las generaciones pasadas

Escuchemos a escondidas sobre el tipo de enseñanza que las tres generaciones en Proverbios 4 enseñaron y aprendieron. Es un gran privilegio que podamos escuchar esta charla íntima y franca motivada por el amor y un cuidado vehemente. En Proverbios 4 recibimos tres consejos:

Consejo #1: «Escuchen» (Pr. 4:1, NVI).

«Escuchar» es la capacidad de prestar atención. La preocupación inmediata del padre es que su hijo enfoque toda su atención en las enseñanzas de su padre. Es necesario que escuchemos para adquirir conocimiento, sabiduría y recibir instrucción. Si esta hubiera sido una situación militar, el líder habría dicho: «¡Atención!». O, como escuchas a muchas mamás decirles a sus hijos: «¿Me estás escuchando?».

Igual que el padre en Proverbios 4, nuestro Padre celestial nos ofrece a nosotras, sus hijas, «buena enseñanza». Él nos suplica: «no abandonen mi instrucción… no olvides mis palabras ni te apartes de ellas. No abandones nunca a la sabiduría» (vv. 2, 5-6, NVI). Estos son los beneficios de aferrarnos a sus palabras; que son palabras de sabiduría:

> Fomentarán que tengas una larga vida (v. 4).
> Te protegerán y te guardarán (v. 6, NTV).
> Te darán inteligencia (v. 7).
> Te engrandecerán y te honrarán (v. 8).

Consejo #2: «Recibe mis razones» (Pr. 4:10-19).

Estoy segura de que has escuchado el refrán: «Puedes llevar el caballo al río, pero no puedes obligarlo a beber». El caballo beberá agua solo cuando tenga suficiente sed. La palabra «recibe» tiene la idea de eliminar el sentido de orden. Es como una «verdad para llevar». Debemos escuchar (v. 1) y luego aferrarnos a la instrucción de Dios y llevarla en nuestros corazones.

Proverbios 4:10-19 nos presenta dos sendas distintas:

Primera senda: los versículos 10-13 describen esta senda como «el camino de la sabiduría», como las «veredas derechas». El versículo 18 nos pinta con palabras este hermoso cuadro: «Mas la senda de los justos es como la luz de la aurora, que va en aumento hasta que el día es perfecto».

Segunda senda: los versículos 14-17 se refieren a esta opción como la «vereda de los impíos», el «camino de los malos». En contraste con el resplandor del versículo 18, el escritor explica: «El camino de los impíos es como la oscuridad; no saben en qué tropiezan» (v. 19).

Es casi como si escucháramos la apelación del escritor: «¿Elegirás la luz o la oscuridad? ¿Escogerás el camino de la sabiduría o el camino de los malos?».

Consejo #3: «Inclina tu oído» (Pr. 4:20-27).

Piensa en tu vida y en tu jornada de crecimiento espiritual. ¿Respondes inmediatamente a todo lo que lees en la Biblia o a cada sermón que predica tu pastor? Si lo haces, entonces estás bastante fuera de la norma. En cambio, la mayoría de las personas tiene una capacidad de atención muy corta. Los cambios conforme al corazón de Dios no ocurren de la noche a la mañana. Un aspecto fundamental de la santidad viene de escuchar verdades familiares una y otra —¡y otra!— vez; repetidas lo suficiente hasta que las entendemos. Luego comenzamos todo otra vez y damos otro paso hacia la santidad.

En esta sección de Proverbios 4 notarás una repetición constante. Se nos llama a vigilar todos los aspectos de nuestras vidas; simbolizados con la boca, los ojos y los pies.

La boca (v. 24). Después de nuestros pensamientos (que proceden de nuestro corazón), vienen nuestras palabras. Eso dijo Jesús en Mateo 12:34: «Porque de la abundancia del corazón habla la boca».

En *el corazón* se originan las palabras, pero las acciones, como la perversidad y la iniquidad de los labios, son simplemente síntomas de una enfermedad del corazón. Tenemos que atender tanto la fuente como el síntoma.

Los ojos (v. 25). Alguien dijo: «Los ojos son la puerta al alma» (autor desconocido). La mayoría de los pecados comienzan con los ojos. El rey David es un ejemplo magnífico. El primer acto que luego le llevó al adulterio y el asesinato comenzó con sus ojos: «[David] vio desde el terrado a una mujer que se estaba bañando, la cual era muy hermosa» (2 S. 11:2).

Proverbios 4:25 nos advierte que no debemos permitir que nuestros ojos se extravíen. Se nos dice: «Pon la mirada en lo que tienes delante; fija la vista en lo que está frente a ti» (NVI). ¡Este es un consejo excelente para todas y en todo momento!

Los pies (vv. 26-27). la próxima advertencia tiene que ver con los pies. «Examina la senda de tus pies… No te desvíes a la derecha ni a la izquierda». Otra traducción dice: «Fíjate bien en dónde pones los pies» (DHH). Este versículo está describiendo la idea de evaluar nuestra estrategia antes de proceder. O, como estoy segura de que has escuchado antes: «¡Mira antes de saltar!».

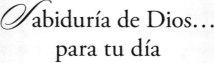

$\mathscr{S}$abiduría de Dios...
para tu día

¿Cómo está tu corazón? Millones de personas miden diariamente su presión sanguínea para seguir de cerca la condición de su corazón. Y tú también debes vigilar de cerca tu corazón mientras sigues creciendo en Cristo. Cuida diariamente tu corazón. Protégelo alejándote del pecado y vistiéndote con la justicia de Dios. Cuando haces esto, tu corazón se enfocará en Él. Tal como nos insta a hacer nuestro versículo para este capítulo: «Sobre toda cosa guardada, guarda tu corazón; porque de él mana la vida».

¡Anímate, amiga querida! Y alaba a Dios, nunca estás sola. Dios siempre está cerca; «nuestro pronto auxilio en las tribulaciones» (Sal. 46:1). El Espíritu Santo te acompaña para alentarte cada día mientras recibes y aplicas la sabiduría de los Proverbios.

5

La esposa fiel: Matrimonio

¡Bendita sea tu fuente! ¡Goza con la esposa de tu juventud!... ¡Que su amor te cautive todo el tiempo!

PROVERBIOS 5:18-19 (NVI)

Oración

Amado Padre celestial, como un Dios fiel y cumplidor de promesas, tú no has abandonado a tu pueblo en el pasado, ni tampoco abandonarás tu relación conmigo en el presente. Ayúdame a estar firme y mantenerme fiel en el pacto matrimonial que le hice a mi esposo. Renunciando a todos los demás, ayúdame cada día a esmerarme en ser una esposa conforme a tu corazón. Amén.

No es una sorpresa que el matrimonio, como institución, esté definitivamente atravesando momentos difíciles. El mundo secular parece haberse dado por vencido con el matrimonio. El mundo dice que el matrimonio no funciona y que no es necesario; entonces, ¿para qué celebrar la ceremonia? ¿Por qué no vivir juntos y ya está?

No obstante, el matrimonio fue la primera institución ordenada por Dios cuando Él unió al primer hombre y a la primera mujer con esta bendición: «Por tanto, dejará el hombre a su padre y a su madre, y se unirá a su mujer, y serán una sola carne» (Gn. 2:24). Este versículo nos dice que:

- ∽ Dios instituyó el matrimonio.

- ∽ El matrimonio debe ser monógamo y heterosexual.

- ∽ La pareja debe convertirse en una sola carne y disfrutar de una unión física íntima.

Además, Jesús enseñó que el matrimonio debe ser para siempre (ver Mr. 10:7-9).

A lo largo del libro de Proverbios, y especialmente en Proverbios 5, encontramos instrucciones para dos grupos de lectores específicos.

Instrucciones de Dios para las esposas

Cuando leemos las hermosas palabras poéticas en Proverbios 5:18-19, no podemos sino admirar el papel amoroso que Dios espera que una esposa tenga en la vida de su esposo:

- ∽ Ella será una fuente de bendición para él.

- ∽ Traerá una alegría tal a su esposo que él se alegra de la bendición de haberla encontrado.

- ∽ Será como una gacela tierna y amorosa, y como una cervatilla encantadora.

- ∽ Cumplirá con su papel de complacer y satisfacer a su esposo.

Debido a su ferviente amor por él, su esposo siempre está obsesionado, perdido y embriagado de amor por ella. Como dice el refrán, ¡él piensa que ella es la octava maravilla del mundo!

La esposa excelente de Proverbios 31 modela este tipo de amor y lealtad profundamente arraigados: «Su esposo confía plenamente en ella y no necesita de ganancias mal habidas». ¿Por qué? Porque «ella le es fuente de bien, no de mal, todos los días de su vida» (vv. 11-12, NVI).

Este cuadro de una esposa fiel es la clave para lo que el papá está a punto de enseñarle a su hijo en Proverbios 5. A través de este padre sabio, Dios mismo está diciendo que un matrimonio que le honra y que cumple con sus propósitos como pareja, contribuirá en gran medida a ser un ejemplo del diseño puro y perfecto de Dios para el matrimonio, no solo para los hijos de la pareja, sino para todo el mundo.

Nada le gustaría más al diablo, quien es un «mentiroso, y padre de mentira» (Jn. 8:44), que destruir el plan de Dios para los matrimonios y la familia. Él trabaja sin descanso para alejar a los cónyuges el uno del otro y de sus votos, y llevarlos a una vida de adulterio y promiscuidad. No hace falta decir que, si estás casada, puedes y tienes que cumplir tu promesa de ser fiel a tu esposo en pensamientos, conducta y acciones.

Instrucciones de Dios para los hijos

El libro de Proverbios establece claramente que hay que enseñarles a los jóvenes y a los adultos jóvenes a conservar su pureza sexual. En Proverbios 5, el padre sabio está enseñando y advirtiendo a su hijo una vez más sobre la mujer inmoral —la seductora—, y lo mismo es válido para ti y tu matrimonio. A lo largo de todo el libro de Proverbios esta enseñanza se repite y se refuerza muchas veces. Esto nos da una buena idea de cuán importante es la pureza sexual para Dios, ¡y también debe serlo para nosotras y nuestros hijos!

Piensa en esto. ¿Cuántas veces has tenido que repetirles a tus hijos algo de vital importancia una y otra vez? Por ejemplo, ¿alguna vez le dijiste a tu hijo en edad preescolar: «no juegues en la calle»? ¿Y se lo dijiste solo una vez? ¡Oh, no! ¡Se lo repetiste cada vez que salía a jugar! Su vida dependía de tu instrucción… y de su obediencia.

Como sabe toda buena maestra —y todo padre que se preocupa—, ¡la repetición es la clave para el aprendizaje! El padre y el abuelo en Proverbios 5 no son diferentes. Como él es sabio y se preocupa, y porque la información es vital para el futuro de su hijo, este padre fiel y apasionado continuará impartiendo esta enseñanza.

Sería extraordinario si tu esposo asumiera este rol. Sin embargo, si él no está en casa debido a sus responsabilidades u horarios de trabajo, entonces tú, como la madre amorosa de tus hijos, necesitas inculcar esta información en sus corazones. Y no puedes tener esta conversación solo una vez y tacharla de tu lista de «lo que hacen los buenos padres». Tienes que hacerlo una y otra… y otra vez. Proverbios 5 te da una lista de los temas que debes tratar.

#1: Ten cuidado de la mujer seductora (Pr. 5:1-6). Una razón por la que los padres le temen a la adolescencia es porque tienen que preparar a sus hijos e hijas para lidiar con las relaciones con el sexo opuesto. Y el padre de Proverbios 5 no es distinto. Este padre devoto comienza pintando un cuadro gráfico de una mujer a la que su hijo y todos los hombres deben reconocer como una adúltera y evitar completamente. ¿Cómo puede reconocer un hombre a una mujer seductora?:

~ Sus palabras son astutas (Pr. 5:3, NVI): «De los labios de la adúltera fluye miel; su lengua es más suave que el aceite».

~ Su atractivo es engañoso (Pr. 5:4, NVI): Todas las palabras y las acciones encantadoras de una adúltera son una mentira. En realidad, ella es «más amarga que la hiel y más cortante que una espada de dos filos».

⁓ Su fin último es muerte (Pr. 5:5-6): Los pasos de esta mujer conducen a la muerte y aquellos que se asocian con ella tienen el mismo final. En lugar de escoger la vida, ella escoge la muerte y ¡felizmente se lleva consigo a un joven desprevenido!

#2: El precio de la infidelidad es muy alto (Pr. 5:7-14). Nos encanta adorar a Dios y regocijarnos en su gracia y su perdón. Sin embargo, nuestros pecados siempre tienen consecuencias. Existen dos enfoques para enseñar e inculcar los valores en nuestros hijos. Uno es hablándoles de todo lo bueno que ocurre y resulta de hacer lo correcto, y de tomar las decisiones correctas. La otra es describiéndoles vívidamente, con exactitud y sin tapujos, los resultados y las consecuencias desastrosas cuando se toma la decisión de hacer lo incorrecto.

Por difícil que pueda ser hablar sinceramente y sin temor, para advertir a su hijo y describirle el precio de ceder al adulterio, este padre continúa en los versículos 7-8 (NVI): «Pues bien, hijo mío, préstame atención y no te apartes de mis palabras. Aléjate de la adúltera; no te acerques a la puerta de su casa». Y luego le presenta cinco consecuencias de la infidelidad en el matrimonio. Cualquiera de estas debería provocar que una lectora lo pensara dos veces antes de comenzar una relación ilícita:

⁓ Una vida malgastada (v. 9, NVI): les «[entregas] a otros tu vigor».

⁓ Pérdida financiera (v. 10, NVI): «[sacias] con tu fuerza a gente extraña… [van] a dar en casa ajena tus esfuerzos».

⁓ Angustia mental (v. 11, NVI): «al final acabarás por llorar, cuando todo tu ser se haya consumido».

⁓ Remordimiento (vv. 12-13, NVI): «Y dirás: "¡Cómo pude aborrecer la corrección! ¡Cómo pudo mi corazón despreciar la disciplina! No atendí a la voz de mis maestros, ni presté oído a mis instructores"».

~ Vergüenza pública (v. 14, NVI): «Ahora estoy al borde de la ruina, en medio de toda la comunidad».

Estas consecuencias de la infidelidad son drásticas, alarmantes y traumáticas. Sin embargo, el padre fiel no termina aquí, solo para causar conmoción. En lugar de esto, describe una mejor —la mejor— alternativa. Usa la imagen del agua para contrastar la catástrofe de la infidelidad con la alegría refrescante y la vida abundante que un matrimonio fiel trae a la pareja y a sus hijos. Le advierte a su hijo: «Bebe el agua de tu propio pozo, el agua que fluye de tu propio manantial», en vez de derramar su agua por las calles (vv. 15-16, NVI).

#3: La fidelidad cosecha bendición sobre bendición (Pr. 5:15-20). En estos versículos, el padre defiende la razón por la que un hombre debe serle fiel a su esposa: ¡su matrimonio le ofrece todo!; y el señuelo que ofrece el mundo y la mujer adúltera no le ofrecen nada. Él termina esta conversación de hombre a hombre en el versículo 20 (NVI) con esta pregunta retórica: «¿Por qué, hijo mío, dejarte cautivar por una adúltera?». Si preguntáramos esto hoy día, diríamos: «¿Por qué razón siquiera mirarías a una adúltera cuando tienes una esposa maravillosa en casa?».

#4: Elige siempre el camino de Dios (Pr. 5:21-23). El objetivo final de todas nuestras acciones debe ser tener la aprobación de Dios. Él siempre está al tanto de las decisiones que toman sus hijos. «Nuestros caminos están a la vista del SEÑOR; él examina todas nuestras sendas» (v. 21, NVI). Si estás casada, la fidelidad a tu esposo *siempre* es el camino correcto, el mejor camino… no hay otro camino. No necesitas preguntarte qué desea Dios que hagas, porque ¡la fidelidad en el matrimonio es el camino de *Dios*!

Sabiduría de Dios… para tu día

Mientras estoy aquí sentada, leyendo este emotivo pasaje en Proverbios 5, debo reconocer que me siento conmovida. Y el Señor sigue convenciendo mi espíritu. Al igual que este padre, nuestro Dios Padre nos ama tanto que tiene el compromiso de enseñarnos. Él nos instruye. Él intercede por nosotras. Nos señala los peligros de la vida. Él hace todo lo posible por ayudarnos, a sus hijas amadas y preciadas, a evitar el pecado, la maldad y las consecuencias catastróficas que sin duda llegarán si no prestamos atención a sus instrucciones.

La extensa exhortación de este capítulo, donde se contrasta el matrimonio y el adulterio, fue dictada desde el corazón de Dios y es algo que, definitivamente, debemos aplicarnos y pasar a nuestros hijos. ¿Qué puedes hacer como una esposa devota, apasionada y seriamente preocupada?

Ora sin cesar. Desde el primer aliento de vida de tu hijo (y aun antes), a través de sus años de desarrollo y más allá, hasta que respires por última vez, ora por tus hijos. Y mientras oras por ellos, ora esto por ti:

Dios, ayúdame a mantenerme aferrada a mi voto matrimonial. Dame las fuerzas para ser fiel a ti… y al esposo que tú me diste. Amén.[1]

---

1. Tomado de Neil S. Wilson, *The One Year Book of Proverbs* (Wheaton, IL: Tyndale House Publishers, Inc., 2002), 5 de junio.

Modela lo que es un matrimonio centrado en Dios. Puedes hablar todo lo que quieras sobre santidad, pureza y amor, pero si tus hijos los ven a tu esposo y a ti ser ejemplo de estas cualidades, eso tendrá un efecto duradero. ¡Una imagen vale más que mil palabras!

Practica lo que Dios predica:

~ Mantente alerta y en guardia. Vives en el mundo, pero no eres de este mundo. Entonces, prepara siempre tu corazón antes de salir al mundo.

~ Ten cuidado con tu manera de comportarte con los hombres y cómo te vistes.

~ Enséñales a tus hijos cómo resistir el pecado y la tentación.

~ Ama a Dios más que cualquier cosa en este mundo.

~ Sé fiel a las normas y a la voluntad de Dios. Y, por supuesto,

~ Sé fiel a tu esposo. «El corazón de su marido está en ella confiado» (Pr. 31:11).

6
Sigue el consejo de Dios: Carácter

Guarda, hijo mío, el mandamiento de tu padre, y no dejes la enseñanza de tu madre; átalos siempre en tu corazón, enlázalos a tu cuello. Te guiarán cuando andes; cuando duermas te guardarán; hablarán contigo cuando despiertes. Porque el mandamiento es lámpara, y la enseñanza es luz.

PROVERBIOS 6:20-23

Oración

Amado Señor, solo tengo una vida para ofrecer a tu servicio. Anhelo que mi vida sea un reflejo de tu santo carácter. Examíname, oh Señor, y conoce mi corazón. Como dice tu Palabra, tú amas el corazón que es humilde y que busca el bien de los demás. Guíame en tus caminos eternos para que pueda honrarte y bendecir a otros. Amén.

Lo que no debemos ser

Una característica que distingue a un gran escritor es su capacidad para examinar acontecimientos y personajes en formas nuevas y creativas. *Historia de dos ciudades* es una novela clásica escrita por Charles Dickens en 1959. Se desarrolla en dos ciudades, Londres y París, antes y durante la Revolución francesa. Este libro ha vendido más de doscientos millones de ejemplares y, según algunas estimaciones, es la novela más vendida de todos los tiempos.

Cuando lees el libro de Dickens, es imposible no fijarse que describe sus personajes dándoles rasgos visuales peculiares, que repite una y otra vez. Esto es justamente lo que está ocurriendo mientras seguimos avanzando en los primeros nueve capítulos del libro de Proverbios. El autor tiene cierto tipo de individuos y ciertos rasgos de carácter que reintroduce un capítulo tras otro.

Una vez más, en Proverbios 6, el autor habla como un padre preocupado, que está aconsejando a su hijo. Más importante aún, le está dando a su hijo el consejo de Dios. Mientras lees, fíjate en los tres nuevos tipos de personas que se añaden a la lista de «personajes» de los que debemos cuidarnos en este drama fiel a la vida diaria. Presta atención especialmente al consejo específico que se ofrece.

La persona que presta demasiado (Pr. 6:1-5). Después de muchas advertencias sobre la asociación con malas compañías y mujeres inmorales, este padre devoto pasa a ofrecer consejos financieros. Él nos advierte a ti, a mí y a todas las lectoras sobre los riesgos de asumir responsabilidad por los compromisos financieros de otros, cuando dice: «si salieres fiador« (v. 1). Esto significa ser codeudora; es decir, la persona responsable por la deuda si el prestatario no la paga.

Vamos a ponerte en este cuadro hipotético: piensa que un familiar o un amigo quiere comprar un auto y solicita un préstamo para pagarlo. Sin embargo, su calificación de crédito no es suficiente para financiar la compra, así que el concesionario de autos le exige la firma de alguien que pueda hacer los pagos en caso de que el comprador no cumpla con su compromiso. El comprador potencial —tu amigo o familiar— te pide que seas codeudora del préstamo. Si lo firmas, «has empeñado tu palabra».

¿Cuál es la mejor manera de manejar este tipo de petición? Toma tiempo para pensar, orar y pedir consejo. No te sientas presionada por ningún plazo de tiempo. Tómate todo el tiempo necesario antes de hacer este tipo de compromiso. Si estás casada, tu esposo debe estar involucrado desde el primer momento. Y, por supuesto, él también tiene que estar de acuerdo.

Si te apresuraste y luego determinas que cometiste un error, los versículos 3-5 te dicen qué debes hacer: procura persuadir a tu amigo o familiar para que te libre del compromiso. Este asunto es de tal importancia que ni siquiera debes dormir hasta que te hayan liberado de la responsabilidad.

¿Por qué la Biblia advierte tan severamente contra ser codeudoras? ¿Acaso es cierto tipo de ley injusta del Antiguo Testamento que no exhibe bondad hacia familiares y amigos? Reflexiona en las siguientes razones por las que debes tomarte tu tiempo y estar segura antes de aceptar ser la codeudora de un préstamo:

~ Podrías estar ayudando a alguien a comprar algo que está fuera de la voluntad de Dios para él o ella.

~ Tal vez estés desalentando el desarrollo de la paciencia, la fe y la confianza en Dios de tu amigo o familiar. Si Dios quiere que lo tenga, Él proveerá para ello.

~ Quizás estés practicando una mala mayordomía. Debes administrar con sabiduría y cuidado todo lo que tienes. «Se requiere de los administradores, que cada uno sea hallado fiel» (1 Co. 4:2).

~ Corres el riesgo de resentimiento en una relación cercana, especialmente si la persona no paga el préstamo. Es mejor que ellos se enojen contigo ahora si les dices «no», que el que tengas que asumir las consecuencias si no pagan el préstamo en el futuro.

El consejo bíblico es que disciernas si existe una necesidad real y legítima. De ser así, es preferible que les des el dinero, en lugar de convertirte en codeudora.

La persona que duerme demasiado (Pr. 6:6-11). Estoy segura de que has visto a un caracol cruzando una acera. Bueno, esa es la imagen de nuestro próximo personaje, que carece de carácter: el perezoso.

Con la imagen de un caracol en tu mente, piensa en la actividad de una hormiga. Estas criaturas diminutas son diligentes y laboriosas. El enfoque no es que se estén preparando para el futuro, sino en lo mucho que trabajan.

El vago es lo opuesto a la hormiga trabajadora. Al perezoso le encanta dormir. Le encanta apretar el botón de espera del despertador. Y le fascina dar vueltas y vueltas en la cama (ver Pr. 26:14). Lamentablemente, no le encantará el resultado de su pereza. Cualquier riqueza que pueda poseer o las esperanzas de alcanzarla, se las arrebatarán como si fuera por un ladrón o un vagabundo.

No sé tú, pero nunca parece que tengo tiempo suficiente. El tiempo es fugaz y, cuando se pierde, no hay manera de recuperarlo. Todos los libros que he leído sobre cómo manejar el tiempo dicen que para tener más tiempo tenemos que «ganar tiempo». ¿Y cómo se hace eso? Una opción es volviéndonos más eficientes: aprende a usar cinco minutos en alguna tarea que antes te tomaba diez. Otra forma de ganar tiempo es simplemente haciendo lo contrario al perezoso y dormir menos… ¡o por lo menos levantarte tan pronto suene el despertador!

¿Estás pensando que no tienes tiempo suficiente para leer tu Biblia y orar? Entonces, ¡problema resuelto! Levántate lo suficientemente temprano para leer y orar.

¿Estás pensando que quieres aprender una destreza nueva, un nuevo idioma? Se estima que cualquiera puede convertirse en «experto» en cualquier materia si invierte solo quince

-minutos diarios en el asunto. ¿Cómo puedes hacerlo? Es sencillo: levántate todos los días quince minutos más temprano y usa ese tiempo en tu meta, hasta que seas una experta.

La persona que engaña demasiado (Pr. 6:12-19). ¿Sabes lo que es un «charlatán»? Bueno, te lo voy a presentar. Es el hombre «estafador», el sinvergüenza, y lo describieron hace más de tres mil años. Aquí le llaman «el hombre malo, el hombre depravado» (v. 12). ¿Cómo lo retratan?

- ∼ Su boca está llena de mentiras.

- ∼ Hace señales a sus cómplices con gestos insinuantes y ademanes engañosos, o de alguna otra manera toma por sorpresa a sus víctimas.

- ∼ Su corazón está lleno de maldad y engaño, y trama constantemente hacer lo malo y sembrar discordia.

- ∼ Su destino está seguro. Tal vez piense que se está saliendo con la suya con sus fechorías, pero sus pecados lo alcanzarán, ya sea en esta vida o en la siguiente. Padece de una enfermedad mortal que no tiene cura.

Dios tiene sus listas personales y, dos de ellas —llamadas «proverbios numéricos»—, se encuentran aquí y también en Proverbios 30:15-33. Proverbios 6:16 afirma: «Seis cosas aborrece Jehová, y aun siete abomina su alma». Al usar dos números distintos, Dios, el autor, nos indica que esta lista no es exhaustiva. Es una lista de los rasgos de carácter que tienen las personas que no agradan a Dios. El Señor nos está diciendo que estas actitudes y acciones nunca deben ser parte de nuestras vidas. Estas son las siete que menciona en los versículos 16-19:

1. Una mirada orgullosa u «ojos altivos». Esa es la mirada que dice: «Soy mejor que tú. Eres un don nadie y yo soy alguien».

2. Una lengua mentirosa. Una media verdad sigue siendo una mentira.

3. Unas manos asesinas. Este es un recordatorio del sexto mandamiento divino: «No matarás» (Éx. 20:13). Jesús llevó este mandamiento un paso más allá y dijo que no es solo el acto, sino el pensamiento lo que hace culpable a la persona (ver Mt. 5:22).

4. Un corazón que engaña. Este es un corazón que siempre está maquinando y tramando planes perversos.

5. Unos pies que corren a hacer lo malo. Dios no solo detesta la mente que planifica el mal, ¡sino también los pies que están dispuestos a llevarlo a cabo!

6. Un testigo falso. Dios aborrece a los que dan testimonios falsos y abomina el daño que causa a los que son acusados falsamente.

7. Uno que siembra discordia. Fíjate dónde ocurre esta acción: «entre hermanos».

Sabiduría de Dios... para tu día

El tener de frente esta lista de características que Dios aborrece debería servirte como una luz de advertencia roja e intermitente. ¡Que todas estas conductas negativas que Dios detesta funcionen como advertencias y enseñanzas diarias! Que estas imágenes y verdades de la Palabra de Dios te ayuden a tomar la decisión de no resbalar o ser negligente o tibia en tu deseo de alcanzar el nivel más alto para tu comportamiento y carácter.

Como una mujer que anhela caminar con Dios de día en día, puedes estar segura de que agradas a Dios cuando te comprometes diariamente a convertir las siete «cosas que el SEÑOR aborrece, y... que le son detestables» (NVI) en estos siete rasgos de carácter positivos y que se parecen a Cristo. Ora fervientemente por tener:

~ Un corazón humilde. «Humillaos delante del Señor, y él os exaltará» (Stg. 4:10).

~ Unos labios sinceros. «Pero sea vuestro hablar: Sí, sí; no, no; porque lo que es más de esto, de mal procede» (Mt. 5:37).

~ Un anhelo de que otros disfruten de la vida eterna. «Y sabemos que el Hijo de Dios ha venido y nos ha dado entendimiento, para que podamos conocer al Dios verdadero. Y ahora vivimos en comunión con el Dios verdadero porque vivimos en comunión con su Hijo,

Jesucristo. Él es el único Dios verdadero y él es la vida eterna» (1 Jn. 5:20, NTV).

~ Un corazón que solo busque el bien de otros. «Sirvan de buena gana, como quien sirve al Señor y no a los hombres» (Ef. 6:7, NVI).

~ Unos pies que sean rápidos para alejarse del mal. «Huye también de las pasiones juveniles, y sigue la justicia, la fe, el amor y la paz, con los que de corazón limpio invocan al Señor» (2 Ti. 2:22).

~ Una boca que hable como un testigo fiel. «Eviten toda conversación obscena. Por el contrario, que sus palabras contribuyan a la necesaria edificación y sean de bendición para quienes escuchan» (Ef. 4:29, NVI).

~ Una sembradora de paz y armonía. «Si es posible, en cuanto dependa de vosotros, estad en paz con todos los hombres» (Ro. 12:18).

7

Una vida de pureza: Moralidad

Di a la sabiduría: «Tú eres mi hermana»,
y a la inteligencia: «Eres de mi sangre».
Ellas te librarán de la mujer ajena, de la
adúltera y de sus palabras seductoras.

PROVERBIOS 7:4-5 (NVI)

Oración

Señor, crea en mí un corazón limpio y un espíritu recto
conforme me esfuerce a cada momento del día de hoy por
vivir una vida que sea completamente aceptable ante tus
ojos. Permíteme meditar de día y de noche en tu Palabra
para que pueda presentar delante ti un corazón sabio y una
vida de pureza. Amén.

¿Recuerdas tu primera impresión sobre la Biblia? Para muchos, ¡la Biblia parece un libro enorme e imponente que puede pesar más de dos kilos! Para aquellos que se aventuran a hojearla, una lectura casual puede llevarles a pensar que este libro voluminoso llamado Biblia contiene material que parece tener muy poca o ninguna trascendencia en nuestro mundo moderno.

Sin embargo, eso no es cierto en absoluto. Como declara la Biblia, fue escrita por Dios. Es la declaración escrita de Dios mismo a los seres humanos. Podemos encontrar todo lo que necesitamos saber acerca de Dios, de la vida, de la santidad y de la moral entre las tapas de este libro maravilloso.

Por consiguiente, la Biblia no divaga. Dios no está meramente llenando páginas. Cada palabra y afirmación en la Biblia tiene una razón. Uno de los temas que se repite con frecuencia en los primeros seis capítulos de Proverbios es la mujer inmoral. Pues bien, ¡prepárate! Proverbios 7, de principio a fin, trata sobre este tema. Y esto no es un accidente, porque Dios no comete errores. Es intencional porque la falta de moral es un problema de todo el mundo, en todas las épocas. Este tema es tan relevante hoy día, como lo fue tres mil años atrás, cuando se escribió el capítulo 7 de Proverbios.

La inmoralidad es un problema grave. Entonces, ¿cómo puedes evitar, abordar y manejar este problema tan extendido? Proverbios 6:20-35 y todo el capítulo 7 tratan este asunto.

La obediencia a la Palabra de Dios lleva a la pureza

He aquí un axioma que parece resumir esto muy bien: «La Biblia te alejará del pecado, o el pecado te alejará de la Biblia». Cuando nos presenta el tema de la adúltera, es evidente que las expresiones como «obedece el mandamiento» y «pon en práctica mis palabras y atesora mis mandamientos» (NVI) nos alertan sobre la importancia de los «mandamientos» de Dios. He aquí algunos consejos clave para evitar la inmoralidad y vivir una vida de pureza:

Obedece los mandamientos de Dios (Pr. 6:20; 7:1-2). Dios desea que sus hijos e hijas vivan una vida moral, de acuerdo con su Palabra. Él quiere que abordemos su Palabra y sus mandamientos como asuntos profundos, serios y de vital importancia; y eso incluye el pecado de la inmoralidad.

Interioriza los mandamientos de Dios (Pr. 6:21-22; 7:3). Una cosa es leer la Biblia y otra es alcanzar un nuevo nivel de sabiduría cuando la interiorizas. Con respecto a su Palabra y a sus mandamientos, Dios nos dice «átalos siempre en tu corazón» y «escríbelos en la tabla de tu corazón». Ambos versículos se refieren al hábito de memorizar la Palabra de Dios.

Cuando memorizamos y meditamos en la Palabra de Dios, está con nosotras en todo momento. Dondequiera que vayas y ante cualquier tentación que enfrentes, la Palabra de Dios en tu corazón y en tu mente siempre te guiará. Cuando duermas, te cuidará. Y cuando estés despierta, te hablará. Es mucho más difícil pecar cuando la Palabra de Dios está escrita en tu corazón y fluye en tu mente como la sangre fluye por tu cuerpo. Por eso el salmista nos aconseja en el Salmo 119:9, 11:

> *¿Con qué limpiará el joven su camino?*
> *Con guardar tu palabra…*
> *En mi corazón he guardado tus dichos,*
> *Para no pecar contra ti.*

Confía en que los mandamientos de Dios te guiarán (Pr. 6:23-24; 7:5). Vivir en nuestro mundo caído es un cometido turbio, precario y engañoso. Existen innumerables peligros para las hijas de Dios. Es sumamente reconfortante saber que la Palabra de Dios te guía de la misma forma que la luz de una lámpara te dirige por un camino oscuro:

> *Porque el mandamiento es lámpara,*
> *y la enseñanza es luz* (Pr. 6:23).

Confía en que los mandamientos de Dios te guardarán (Pr. 6:24; 7:4-5). Tanto Proverbios 6:24 como Proverbios 7:5 usan la palabra «guardar», que transmite la idea de un «guardia» —un guardaespaldas— que nos vela para asegurarse de que estamos seguras. De igual forma, Dios quiere protegerte a ti y a los tuyos de todo el mal que te rodea.

El rechazo a la Palabra de Dios conduce al pecado

En Proverbios 6:24-35, el padre describe para su hijo lo que es una adúltera malvada, cómo actúa y las consecuencias trágicas para aquellos que rechazan la sabiduría de Dios y deciden tener una relación ilícita e inmoral. Ella...

> ...usa su belleza y sus palabras para seducir a su presa. Ten cuidado con lo que dices. No uses palabras seductoras o coquetas.

> ...lleva a su presa a la pobreza. Consume la vida, el alma —y el dinero— de quienes la siguen.

> ...destruye tanto el carácter como la reputación. Una vez el carácter de un hombre ha sido arruinado, es casi imposible recuperarlo.

> ...comete un delito que no puede retribuirse. Un ladrón puede indemnizar por sus crímenes, aunque le cueste todas sus posesiones. Sin embargo, un cónyuge adúltero jamás puede borrar completamente el daño causado a todos los afectados —esposo, esposa, hijos y familiares— por el adulterio. Ninguna cantidad de dinero sería suficiente para cubrir la violación del matrimonio de un hombre, su familia y la reputación de todos ellos.

El rechazo a la Palabra de Dios conduce a la ruina

La tentación de cometer adulterio comienza con una seducción (7:6-10). Aquí se nos describe a un muchacho ingenuo que está caminando frente a la casa de una prostituta al «ano-checer»: un claro ejemplo de estar en el lugar equivocado en el momento equivocado. En Proverbios 7:10-23 vemos paso a paso la seducción de una mujer que lleva al acto de adulterio. Si bien el propósito de estas instrucciones es que los hombres identifiquen y se cuiden de la adúltera, definitivamente nos ayudan a nosotras como mujeres a rechazar todas sus prácticas, de modo que no tentemos a los hombres a pecar o causemos que tropiecen con la lujuria. Las prácticas de una adúltera:

~ *Su apariencia.* La forma en que se viste («con atavío de ramera»), y su manera de actuar («alborotadora y rencillosa»), así como su aspecto («con semblante descarado») y su inconstancia («sus pies no pueden estar en casa; unas veces está en la calle, otras veces en las plazas, acechando por todas las esquinas») delatan claramente quién es y cuál es su propósito.

~ *Su forma de acercarse.* Es atrevida y descarada: «Se asió de él, y le besó».

~ *Su provisión.* Después de haber presentado sus «sacrificios de paz» a Dios en el templo, ella tiene disponible un buen suministro de carne e invita a su víctima a que vaya a su casa para compartirlo con él, pues tiene que comérselo pronto.

~ *Su zalamería.* Ella finge que él es «único», al que ella ha estado esperando; que él es importante.

~ *Su insinuación e invitación.* Le describe su cama y luego le hace una invitación abierta a pasar la noche con ella.

~ *Su declaración.* desarma a su víctima aún más cuando le explica que el hombre de la casa no está y que no regresará en mucho tiempo.

⁓ *La destrucción de él.* Inmediatamente, él la sigue, como un animal camino al matadero o un ave que se apresura a la red. No se da cuenta de que su decisión le costará la vida.

Sabiduría de Dios... para tu día

La sensualidad está viva y pujante en nuestra sociedad secular. Satanás está en el negocio de pervertir la felicidad y la bendición de un matrimonio monógamo y gratificante. ¿Qué puedes hacer hoy para prepararte y protegerte de este embate? ¿Cómo puedes poner a trabajar hoy la sabiduría de Dios en tu hogar y en tu familia?

1. Crea un hogar que ame a Dios, ame su Palabra y tenga el compromiso de seguirlo. Vive tu vida cotidiana de modo tal que dé testimonio de que Dios es real y que su Palabra transforma vidas, comenzando contigo, tu esposo y extendiéndolo a tus hijos.

2. Cumple el plan de Dios para ti como esposa cristiana. Haz lo que tengas que hacer para asegurarte de que tienes un matrimonio saludable. Y, otra vez, una imagen vale más que mil palabras. Tus hijos necesitan ver que el matrimonio es una bendición; una bendición repleta de amor, respeto, compromiso... y pureza.

8

Una vida caracterizada por la sabiduría: Éxito

Bienaventurado el hombre que me escucha, velando a mis puertas cada día, aguardando a los postes de mis puertas.

Oración

Amado Señor de los nuevos comienzos, te alabo y te doy gracias porque en tu infinita sabiduría me has dado un manual de instrucciones para cultivar la sabiduría en mi vida. Ayúdame a ser fiel a la lectura y al estudio de tu libro de sabiduría: la Biblia. Te ruego, Padre amado, que hoy pueda exhibir una pequeña porción de esa sabiduría en mi manera de hablar, actuar y vivir. Luego, por tu gracia, permite que mañana pueda ser un mejor testimonio del único Dios sabio y mi Salvador, el Señor Jesucristo. Amén.

En Taiwán, Jim y yo recibimos la bendición de presenciar cómo la Biblia cobra vida. Por años, he leído los Proverbios día tras día… lo que significa que por años he leído Proverbios 8:34: «Bienaventurado el hombre que me escucha, velando a mis puertas cada día, aguardando a los postes de mis puertas». Nuestra familia se alojaba en un complejo misionero, y la primera noche allí pasamos por el terror —y la maravilla— de un tifón. Varios días más tarde, cuando ya las calles se habían secado, cuando ya habían recogido los escombros y habían restablecido el servicio eléctrico, salimos por primera vez. Nuestro anfitrión había coordinado para que nosotros y nuestras dos hijas preadolescentes visitáramos una universidad local para conversar con estudiantes que estaban aprendiendo inglés.

Solo había un detalle que desconocíamos. Estas lecciones de inglés estaban abiertas a todo el que quisiera asistir. Los participantes no tenían que ser estudiantes matriculados en la universidad. Cuando nos acercamos a los portones de la universidad a las 5:30 de la mañana, quedamos atónitos. Miles de personas estaban arremolinadas allí, esperando a que abrieran a las 6:00 para las lecciones de inglés gratuitas. A decir verdad, nos asustamos un poco mientras los guardias nos escoltaban a través de la multitud y por una puerta especial para que pudiéramos organizar los materiales para la clase antes de abrir las puertas a las seis.

En realidad, estaba viendo un versículo en la Biblia cobrar vida. Para mí, esta escena era una ilustración viviente de lo que significa valorar y anhelar sabiduría; de velar a las puertas de la sabiduría cada día, guardar a los postes de sus puertas y escuchar atentamente. Estas queridas personas tenían tanto deseo de aprender inglés que lo habían colocado como la primera tarea del día. Se levantaron antes del amanecer y viajaron hasta allí, con la esperanza de estar entre el número límite de personas que podrían participar antes de cerrar los portones. Gracias a esto, sentí una convicción en mi espíritu, mi querida hermana en Cristo, que así es como se supone que enfrentemos cada día: debemos levantarnos temprano, hacer cualquier sacrificio necesario para leer la Palabra de Dios, para escuchar su sabiduría, para esperar con ansias cada palabra que sale de su boca.

Escucha el llamado de la Sabiduría

Justo en el primer versículo de Proverbios 8, descubrimos que la «Sabiduría» llama desde las cumbres y las encrucijadas para explicarle a todo el que quiera escuchar sobre la importancia de aceptar sus palabras. La Sabiduría está usando cualquier medio disponible para motivar a las personas a que decidan en su favor, a que elijan ser sabias y cuidadosas. Escucha ahora sus ruegos. Lo que la Sabiduría ofrece es…

Válido (Pr. 8:1-9): La sabiduría de Dios es relevante y está disponible En esencia, nos dice:

~ «Déjame ofrecerte discernimiento y sentido común».

~ «Todo lo que digo producirá buenos resultados».

~ «Hablo la verdad y detesto toda clase de engaño y perversidad».

~ «Mi consejo es bueno y sano».

~ «Mis palabras son claras y sencillas para todos los que tienen entendimiento».

Valioso (Pr. 8:10-11, 18-21). La sabiduría es más preciada que la plata, el oro y los rubíes. Así lo creyó el rey Salomón y por eso le pidió a Dios «sabiduría y conocimiento» en lugar de riquezas (2 Cr. 1:11, NVI). Las personas que poseen sabiduría están equipadas para tener éxito. Harán buen uso de lo que tienen, prosperarán; y más que eso, harán bien y serán honradas.

Vital (Pr. 8:12-17). El pueblo de Dios necesita sabiduría para administrar, dirigir y juzgar sabiamente en su zona de influencia. Debe…

> ofrecer buenos consejos,
> tener buen criterio,
> ser comprensivo,
> tener sus emociones bajo control,
> dirigir a otros con sano juicio, y
> tener un espíritu dispuesto a aprender.

Eterno (Pr. 8:22-31). La sabiduría es también eterna:

~ Es la compañera de Dios desde la eternidad.

~ Siempre ha existido y siempre ha sido parte de las actividades de Dios, específicamente de la creación.

~ Es el deleite constante de Dios. Para una experiencia devocional verdadera, lee y saborea Proverbios 8:22-29.[1]

Gratificante (Pr. 8:32-36). La sabiduría acaba haciéndole un ruego final a la humanidad para que la acepte: «Ahora, pues, hijos, oídme, y bienaventurados los que guardan mis caminos». Los seguidores de Dios son bienaventurados porque:

~ Solo la sabiduría puede ofrecer vida abundante: «Porque el que me halle, hallará la vida». La sabiduría es realmente más valiosa que todas las riquezas en el mundo. Las riquezas no pueden dar vida. Quizás mejoren nuestra vida, pero solo la sabiduría de Dios

---

1. Muchos creen que en Proverbios 8:22-29 se hace referencia a Jesús mismo. No obstante, aunque Jesús es la revelación de la sabiduría de Dios (1 Co. 1:24) y posee toda la sabiduría y conocimiento (Col. 2:3) y ayudó en la creación, nada indica que estos versículos se refieren directamente a Cristo.

que encontramos en Jesucristo puede dar vida… vida abundante, vida eterna: «yo he venido para que tengan vida, y para que la tengan en abundancia» (Jn. 10:10).

~ Solo la sabiduría recibirá la aprobación de Dios. Solo el sabio «alcanzará el favor de Jehová» (Pr. 8:35).

Te presento a una mujer sabia

A medida que he ido leyendo estos capítulos iniciales de Proverbios y he visto las muchas cualidades y los muchos beneficios que producen, mi anhelo por una vida así de bendecida ha aumentado. Entonces me pregunto: «¿Qué aspecto tendría una mujer con este tipo de sabiduría?».

Si hojeo mi Biblia mentalmente, hay una mujer que se destaca como una mujer de sabiduría; una que actúa, habla y maneja su vida con sabiduría. Ella no era una líder nacional en su país, ni tenía un título impresionante. No, era esposa y la administradora de su hogar; una mujer muy parecida a ti y a mí… que vivimos simplemente edificando nuestros hogares y cuidando el fuerte (¡entre mil cosas más!). Ella también poseía algo que deberíamos anhelar: muchísima sabiduría.

Te presento a Abigail, y leemos su historia en 1 Samuel 25:1-42. Ella era una mujer que tenía que tomar decisiones a cada segundo. Tuvo una vida amarga. Estaba casada con un tirano alcohólico llamado Nabal (que significa «necio»). Solo podemos imaginar la tensión en su hogar. Sin embargo, a Abigail se le reconoce como una mujer sabia; una mujer cuya vida estuvo marcada por conductas, acciones y palabras sabias y prudentes.

El acto de sabiduría más extraordinario de Abigail fue prevenir una masacre entre su necio esposo y David —el guerrero vengativo—, y sus cuatrocientos hombres. Abigail sabía cuándo actuar… y lo hizo. Sabía qué hacer… y lo hizo. Y sabía qué decir… y lo dijo. ¿Cuáles fueron algunas de las señales de la sabiduría de Abigail?

Ella percibía el panorama general.
Mantenía su compostura.
Desarrollaba un plan.
Hablaba con sabiduría.
Influenciaba exitosamente a los demás.

La vida de Abigail nos enseña que podemos ocuparnos mejor de cualquier reto o responsabilidad que enfrentamos cuando usamos la sabiduría de Dios.

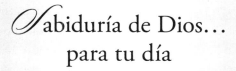

*S*abiduría de Dios... para tu día

¿Deseas una vida mejor, una que se distinga por más sabiduría y éxito? Si este es el deseo de tu corazón, la Palabra de Dios resalta estos pasos diarios.

Paso #1: Ora por sabiduría. «Y si alguno de vosotros tiene falta de sabiduría, pídala a Dios, el cual da a todos abundantemente y sin reproche, y le será dada» (Stg. 1:5). Esto fue lo que hizo el rey Salomón en 2 Crónicas: reconoció que necesitaba sabiduría... y actuó pidiéndosela a Dios. No te especialices en oraciones por un buen matrimonio, o hijos obedientes, o dinero para pagar las deudas, o un ascenso en el trabajo. Tal vez todas sean peticiones válidas y necesarias, pero solamente son síntomas de una necesidad más válida: una necesidad de sabiduría. Piénsalo bien. La sabiduría te dará el conocimiento y la capacidad para lidiar eficazmente con todas tus necesidades. No le pidas ayuda a Dios solo para tratar con un síntoma. ¡Pídele sabiduría!

Paso #2: Busca sabiduría. Me encanta mucho, mucho, mucho, mucho lo que dice Proverbios 2:4-5 (NVI) sobre la sabiduría: «Si la buscas como a la plata, como a un tesoro escondido, entonces comprenderás el temor del SEÑOR y hallarás el conocimiento de Dios». Cuando comencé a estudiar Proverbios, recuerdo que me impresionó mucho el trabajo y el esfuerzo extenuante de los mineros para extraer las piedras preciosas, la plata y el oro.

Entonces, durante un viaje ministerial, Jim y yo tuvimos

la oportunidad de bajar a una mina de diamantes. Viajamos cientos de metros debajo de la superficie hasta llegar al lugar donde podíamos observar la extracción de las gemas. Como aquellos mineros, tú y yo vamos a tener que dedicar mucho tiempo para excavar diaria, profundamente y con energía para encontrar sabiduría.

¿Dónde vamos a buscar sabiduría? El autor nos lo dice claramente: «Porque Jehová da la sabiduría, y de su boca viene el conocimiento y la inteligencia» (Pr. 2:6). El tesoro de la sabiduría ganada con esfuerzo y que necesitamos para una vida mejor viene de la Biblia. ¿Buscas diligente y vigorosamente el tesoro de la sabiduría? ¿Estás excavando en tu Biblia? ¿Incluyes en tus metas personales esta asignación divina de buscar sabiduría? En ese caso, tu vida mejorará de día en día conforme buscas en las Escrituras y extraes sus tesoros.

Paso #3: Crece en sabiduría. Salomón es un buen ejemplo de alguien que deseó sabiduría, oró por sabiduría y buscó sabiduría. Lamentablemente, también es un ejemplo negativo de alguien que fracasó en este tercer y vital paso: no creció en sabiduría.

Salomón comenzó bien, pero, con el paso de los años, se alejó de Dios y de su sabiduría. La sabiduría es como tu planta favorita. Esa planta necesita agua y nutrientes para seguir creciendo. De igual manera, la sabiduría necesita ser alimentada. Necesitas renovar, actualizar y expandir hoy la sabiduría de ayer. ¿Cómo se hace? El apóstol Pedro nos da la respuesta: «Deseen con ansias la leche pura de la palabra, como niños recién nacidos. Así, por medio de ella, crecerán en su salvación» (1 P. 2:2, NVI).

9

Edifica un lugar llamado hogar: Ama de casa

La Sabiduría edificó su casa, labró sus siete pilares. Preparó un gran banquete, mezcló los vinos y puso la mesa.

PROVERBIOS 9:1-2 (NTV)

Oración

Señor, de la misma forma que capacitaste a Bezaleel en el libro de Éxodo con la sabiduría y el conocimiento necesarios para crear el mobiliario para tu tabernáculo, capacítame para edificar un hogar que te honre. Ayúdame a bendecir a otros mientras trabajo en crear un lugar donde todas las actividades giren en torno a ti; un lugar donde tú seas el corazón de mi hogar. De la misma manera que llenaste el tabernáculo con tu presencia, llena mi hogar y a mí con el amor, la alegría y la paz de tu Espíritu Santo. Permite que mi hogar sea un refugio y un pedacito de cielo en la tierra para mi familia y mis amistades. Amén.

Si has leído alguno de mis libros anteriores, sabes que, mientras leo mi Biblia, me gusta enfocarme en versículos que conciernen específicamente a las mujeres. Puedo recordar vívidamente —como si fuera ayer— cuando abrí mi Biblia acabada de comprar, en el primer libro, la primera página, el primer capítulo, el primer versículo: Génesis 1:1. Estaba lista con mi marcador rosado en la mano, en espera de hacer mi primera marca rosada.[1]

Pues bien, en lo que me tomó leer veintisiete versículos en Génesis —en el primer libro y el primer capítulo de la Biblia— di en el clavo e hice mi primera marca rosada en mi nueva y reluciente Biblia. Allí descubrí que Dios creó «hombre y mujer» y les encargó «sean fructíferos y multiplíquense; llenen la tierra y sométanla» (Gn. 1:27-28, nvi). Juntos, el hombre y la mujer, crearían un hogar, tendrían una familia y se encargarían de su entorno. Obviamente, Dios tenía un trabajo para el hombre, pero también le dio un trabajo a la mujer: ella sería su «ayuda idónea» (Gn. 2:18).

Mientras leía estos capítulos iniciales en mi Biblia nueva me preguntaba: «¿Qué significa ser ayuda idónea para mi esposo?». Y con esa pregunta ardiendo en mi corazón, emprendí mi búsqueda para descubrir la respuesta. Con los años, he estudiado y escrito mucho sobre la idea de ser «ayuda idónea». Algo que surgía una y otra vez mientras estudiaba era que podía ayudar a mi esposo proveyéndole un lugar donde él y nuestras hijas pudieran refugiarse después de un día estresante en el mundo exterior.

Ya sea que pases o no cada minuto de tu día dentro de paredes del lugar que llamas hogar, puedes encontrar una forma de hacer lo que sea necesario para proveerles un lugar especial a tus seres amados… un lugarcito llamado hogar. Esta es una

---

1. Ver *Una mujer conforme al corazón de Dios* por Elizabeth George (Miami, FL: Editorial Unilit, 2006) para la historia del «marcador rosado» y «los pasajes rosados».

manera importante de cumplir con tu diseño divino de ser ayuda idónea.

En el capítulo 9 de Proverbios tengo marcados en rosado los primeros seis versículos. El marcar en rosado es mi manera de resaltar que hay algo en esos versículos que me da instrucciones como mujer, esposa y madre. ¡Aquí vamos!

La sabiduría edifica su casa (Pr. 9:1-6)

Conforme nos adentramos en un nuevo capítulo de Proverbios, nos damos cuenta de que el autor sigue definiendo y explicando «la sabiduría». En el capítulo 8, «la sabiduría» iba gritando por caminos y senderos para que la gente la escuchara. Aquí, en el capítulo 9, ya edificó un lugar especial en su hogar para que la gente llegara y viera de primera mano lo que la sabiduría tenía para ofrecer. Este lugar —«su casa»— no era algo que hizo a la carrera. No, lo preparó con mucho esfuerzo, tiempo y cuidados.

La Sabiduría edificó su casa (Pr. 9:1, NTV): esta elegante dama, la Sabiduría, «edificó su casa, labró sus siete pilares». Esto demuestra que puso mucho empeño en la edificación de su casa. No tenemos una explicación detallada para los «siete pilares», pero siete es el número de la perfección. Quizás podemos decir que su casa era un lugar perfecto para que la gente llegara; un lugar donde se atenderían sus necesidades. He aquí mi aplicación al ejemplo de construcción de la sabiduría:

~ Esfuérzate por edificar tu hogar. Cuando digo «edificar» no estoy pensando en una estructura ni en gastar mucho dinero. No, el enfoque principal de una mujer debe estar en los cuidados necesarios para crear un hogar, no una casa. El hogar se edifica con sabiduría, inteligencia y buen juicio,[2] prudencia, discreción, supervisión diestra y con principios prácticos y bíblicos.

[La Sabiduría] preparó (Pr. 9:2, NTV): la sabiduría tiene un plan. Su menú refleja su esmero, preparación y la provisión de alimento que nutre y restaura: carne, vino y todos los platos acompañantes adecuados. Planificó todo al dedillo.

¿Mi aplicación personal?

> ~ Sigue las huellas de la sabiduría. Necesitas orar y discernir el plan de Dios para tu vida particular, y el estilo de vida que Dios te ha dado. Tienes que descifrar cuál es la mejor manera de ayudar a las personas a tu alrededor, empezando por tu familia. Seguramente conoces este refrán: «Si no planificas tu día, ¡alguien lo planificará por ti con mucho gusto!». Mientras más planificas, mayor es la posibilidad de éxito. Conforme oras y planificas, y luego vas poniendo en práctica ese plan, entonces tu hogar se va edificando, estableciendo y equipando en una manera que honra a Dios y bendice a otros. Cuando sigues el plan de Dios, los cuartos de tu hogar «se llenan… de bellos y extraordinarios tesoros» (Pr. 24:4, NVI).

> ~ ¿A qué bellos y extraordinarios tesoros se refiere? A tesoros como amor, gozo, paz, paciencia, amabilidad, bondad, fidelidad, humildad y algo tan necesitado, dominio propio… el fruto del Espíritu Santo (Gá. 5:22-23). Como las cualidades abundantes de un carácter noble. Como la serenidad paciente y amorosa que ministra al cuerpo y el alma. Como las palabras

---

2. Ver Proverbios 24:3-4 (NVI).

que son «suavidad al alma y medicina para los huesos» (Pr. 16:24). Cuando cumples con el plan de Dios, tu hogar se fundamenta y se va equipando con todo lo necesario para los que viven en él.

[La sabiduría] envió a sus sirvientes (Pr. 9:3-6, NTV). Ahora que ya está lista, la sabiduría envía a sus sirvientes a difundir las noticias. El mensaje sencillo es tanto para el ingenuo como el ignorante: «Dejen atrás sus caminos de ingenuidad», o, como dice otra versión: «dejen su insensatez» (NVI) y «aprendan a usar el buen juicio» (NTV).

~ ¿Cuál es la mejor manera de mostrarle al mundo que los planes de Dios para el hogar y la familia sí funcionan? ¿O la mejor forma de servir de modelo? Deja que el mundo vea todo lo que, por gracia de Dios, ha producido tu empeño en edificar, planificar y orar. Deja que vea un matrimonio lleno del Espíritu. Permite que vea una familia que se ama y que ama a Jesucristo. Permite que vea la obra transformadora de Dios por medio de su Hijo. Al igual que la Sabiduría, puedes hacer señas y gritar: «¡Vengan y véanla por ustedes mismos!», mientras le muestras un hogar cristocéntrico a un mundo que observa.

Decide edificar tu hogar

Una vez más, como en los capítulos anteriores, Dios ofrece una oportunidad a sus lectores: «Dejen atrás sus caminos de ingenuidad y empiecen a vivir; aprendan a usar el buen juicio» (Pr. 9:6, NTV). Y Él nos ofrece la misma oportunidad: podemos seguir su sabiduría y edificar nuestros hogares, o seguir la insensatez y dejar que nuestros hogares y nuestra vida doméstica sean inferiores, que se deterioren y se desmoronen por negligencia.

Creo de todo corazón que te preocupas por tu hogar… por la gente y el lugar. Quieres cuidarlos y protegerlos… y edificar. Deseas lo que la sabiduría ofrece. Si este es el deseo de tu corazón, pondrás todo tu empeño. He aquí algunas prácticas que te ayudarán a mantenerte enfocada en tu hogar.

Tus oraciones: acercarte a Dios en oración eleva las tareas domésticas de un plano físico y las lleva a un plano espiritual. La oración te ayuda a alinear tus deseos con el plan de Dios para ti como mujer y como ama de casa. La oración diaria es el primer paso esencial —el punto de partida— para crecer en sabiduría… la sabiduría que te capacita para edificar un hogar para tus seres amados; un hogar que bendiga a todo el que cruce sus umbrales.

Tu propósito: decide ser una edificadora de hogar. Hazte el propósito en tu corazón y en tus oraciones de hacer realidad esta asignación de Dios. Luego, anota en tu lista de tareas por hacer qué iniciará y mejorará el proceso. Aun cuando el establecer un hogar no sea factible o no sea un deseo profundo de tu corazón ahora mismo, proponte seguir la voluntad de Dios, cueste lo que cueste. Luego, confía en Dios para las bendiciones que Él decida derramar y enviarte conforme cumples tu tarea como edificadora de hogar.

Tu presencia: es con tu presencia que edificas, mantienes y disfrutas un hogar. Tal vez tengas un trabajo u otras responsabilidades que consuman gran parte de tu día, pero, cuando estés en tu casa, decide estar allí en alma y cuerpo. Tienes que darlo todo. Deléitate en amar tu hogar; el lugar donde viven o te visitan tus seres amados. Un buen ejercicio es orar en tu camino de regreso a casa desde tu trabajo o cuando terminas con tus diligencias. Esto alejará tus pensamientos y energías de lo que has estado haciendo y lo enfocará en lo que te espera…

¡hogar dulce hogar! Esta práctica de oración evitará que lleves a tu hogar los problemas, las situaciones, las emociones y el cansancio de tu trabajo u otras actividades.

Siempre que estás en tu hogar es tiempo para amar a tu familia y cuidar de tu morada. El resultado de estos esfuerzos es un hogar edificado para honrar a Dios y servir a los que viven allí. ¡Ah, y cuánta bendición recibirán ellos… y tú también!

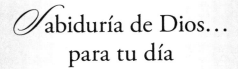

Sabiduría de Dios...
para tu día

En Proverbios 9, Dios contrasta a dos tipos de mujeres opuestas: «Sabiduría» (vv. 1-6) y «Necedad» (vv. 13-18, NTV). Sabiduría es enérgica y, de manera activa, ora, planifica, edifica y crea un hogar encantador y tranquilo. Dios nos pinta este cuadro de la Sabiduría como una mujer sabia que es un ama de casa dedicada.

Por el contrario, Necedad es perezosa y no tiene idea —ni le importa— lo que significa crear un hogar o ser ayuda idónea para su esposo ni para nadie. Ella «aunque no se da cuenta es una ignorante». Y se sienta; sí, «se sienta a la entrada de su casa» (NTV). Y desde allí llama a los transeúntes. Dios la describe con acierto: «La mujer llamada Necedad es una atrevida y aunque no se da cuenta es una ignorante» (NTV).

Las escalofriantes palabras finales de Dios sobre la mujer llamada Necedad afirman que los demás «no saben que allí están los muertos; que sus convidados están en lo profundo del Seol» (v. 18). Un comentarista bíblico dice:

> La casa de la señora Necedad no es un hogar, es un mausoleo. Si entras en ella, no vas a salir vivo.[3]

---

3. Robert L. Alden, *Proverbs: A Commentary on an Ancient Book of Timeless Advice* (Grand Rapids, MI: Baker Book House, 1990), p. 80.

Como edificadora de hogar y ama de casa para Dios, eres dadora de vida. Eres la mujer de sabiduría que «considera los caminos de su casa, y no come el pan de balde» (Pr. 31:27). Eres la mujer excelente que bendice a todo el que se cruza en tu camino y a todo el que entra en tu lugarcito especial llamado hogar.

10

Bendice con tus palabras: Boca

Manantial de vida es la boca del justo; pero violencia cubrirá la boca de los impíos.

PROVERBIOS 10:11

Oración

Señor, no puedo pensar en mi boca sin recordar estas palabras nacidas del corazón de David: «Sean gratos los dichos de mi boca y la meditación de mi corazón delante de ti, oh Jehová, roca mía, y redentor mío». Mientras medito en el versículo seleccionado para este capítulo, enséñame, Padre justo, a pensar en ti con tanta frecuencia que mi boca se convierta en una fuente de bondad y vida. Dame la lengua del instruido, para que sea yo quien diga la palabra buena y acertada que necesitan los que están cansados y desalentados. Amén.

Una confesión real: cuando comencé a leer un capítulo diario de Proverbios, me sentí frustrada. Simplemente no tenía noción de qué me estaban hablando los proverbios. Entonces, un día mi mentora me sugirió que comenzara a codificar los capítulos; es decir, que buscara los temas comunes mientras leía y los marcara. Pues bien, ¿qué mujer no tiene problema con su boca? Así que escogí la letra «B» para «boca» y, asombrosamente, con solo echar un vistazo pude ver que 11 de los 32 versículos en Proverbios 10 trataban el tema de la boca, nuestra manera de hablar y, en mi caso, también sobre la forma de enseñar.

A medida que estudiaba los temas de la boca, la lengua, la forma de hablar y la comunicación, vinieron a mí como tsunami la enseñanza y la convicción. Este tema clave en Proverbios me pedía que pasara tiempo investigando y tratando de aplicar la sabiduría de este libro en mi vida cotidiana, mi relación matrimonial, con mis hijos, y hasta cuando ministraba a las mujeres en la iglesia.

Y solo una nota: vas a apreciar algunos cambios en esta sección (Pr. 10–24). Estos son «los proverbios de Salomón» (Pr. 10:1). En esta nueva sección vamos a examinar una variedad aleatoria de proverbios. La mayoría de los quince capítulos en esta sección abordarán proverbios específicos que, cuando se toman en serio, nos ofrecen oportunidades para corregir nuestras malas actitudes y acciones; es decir, lo que pensamos y decimos.

La bendición comienza con una vida justa

La primera vez que encontramos la palabra «justicia» es en Proverbios 1:3 y está relacionada con la sabiduría: «Para recibir el consejo de prudencia, justicia, juicio y equidad». Después de esta afirmación inicial, «justo» o «justicia» se repite más de 90 veces en el libro de Proverbios. De principio a fin en Proverbios, el justo se ve como alguien que camina por sendas de integridad y rectitud. Sus planes y sus acciones son justos. Son generosos, cuidadosos, cumplen la ley de Dios y obedecen sus mandamientos. Estas son las acciones del justo. Dicho de manera sencilla: son personas buenas que hacen lo correcto.

Triste pero cierto, las acciones del perverso son justo lo contrario. Este contraste también incluye la manera de hablar del justo al compararse con la del perverso. La de este último es cruel, dañino y violento.

Como hija de Dios, seguramente estás más interesada en la manera de hablar de los justos. ¡Yo lo estoy! Así que, para nuestros objetivos, ¿qué ofrecen las palabras del justo?

Las palabras del justo ofrecen vida: «Manantial de vida es la boca del justo; pero violencia cubrirá la boca de los impíos» (Pr. 10:11). La gente de la época de Salomón entendería exactamente el cuadro que se estaba pintando con estas palabras. El agua, en aquel entonces y ahora, es el bien más preciado en los desiertos de Oriente Medio. Y créeme, ¡lo sé porque he experimentado personalmente esas condiciones áridas! Todavía recuerdo claramente mi primera visita a Oriente Medio. ¡Olvídate de la comida! Nuestra preocupación era asegurarnos de que no se nos olvidara nuestra apreciada botella de agua. ¡Nuestro antojo era el agua!

La temperatura estaba a más de 43º C mientras recorríamos el Sahara una milla tras otra. Jim y yo estábamos en una excursión única que nos llevaría desde Egipto —donde estábamos en aquel momento— hasta el Líbano, Siria, Jordania, y de allí a Israel. Fue una aventura que jamás olvidaré. ¡Desde el primer día aprendes a valorar el agua más que la comida!

Pero en aquel momento nos dirigíamos a un asentamiento beduino en medio del desierto. Conforme nos acercábamos a nuestro destino, divisé muchísimas palmeras. En la zona abundaban las plantas verdes y los camellos, y había una enorme alberca de agua. Habían levantado el campamento alrededor de un oasis, que se alimentaba de agua subterránea. El agua del oasis proveía vida a todo y a todos los que llegaban allí. Sin aquella fuente, ¡solo habría muerte!

La fuente de un oasis es la imagen del refrigerio vivificante que puedes ofrecer cuando les hablas a otros. Una fuente solo puede brotar desde el interior de la tierra, hacer un sonido alegre y proveer agua vivificante. Sus aguas fluyen y fluyen. Cuando buscas la justicia y ser justa, dondequiera que estés y con quienquiera que hables, de tu boca brotan palabras de bondad y aliento. Tú serás la portadora de refrigerio... y de vida.

Las palabras del justo ofrecen valor: «Plata escogida es la lengua del justo; mas el corazón de los impíos es como nada» (Pr. 10:20). Recientemente, mientras Jim y yo estábamos en México a causa de nuestro ministerio, el organizador del evento nos llevó en excursión a las pirámides aztecas a las afueras de la ciudad de México. Luego visitamos un platero local donde pudimos observar todos los pasos necesarios en la producción de la plata escogida y la artesanía del platero para crear a mano anillos, brazaletes y collares exquisitos. Cada pieza era extraordinaria... porque eran de «plata escogida». Pues bien, adelantándose a mi cumpleaños, mi querido Jim me compró una gargantilla.

Cada vez que llevo esta preciosa gargantilla, regalo de mi esposo, pienso en este proverbio. Igual que mi collar de plata escogida, las palabras de una mujer buena son valiosas. No son charlas sin sentido. Cuando abre su boca, la gente se inclina hacia adelante en anticipación a las maravillosas y genuinas palabras de sabiduría y refrigerio que ella va a pronunciar. A diferencia de sus palabras excelentes, las que salen del «corazón de los impíos [son] como nada». Las palabras de la mujer buena, que nacen de un corazón puro, tienen gran valor, mientras que las palabras del corazón del malvado no valen nada.

Las palabras del justo ofrecen ayuda: «Los labios del justo apacientan a muchos» (Pr. 10:21). En mi Biblia, este versículo tiene al lado una «B», por boca, y también tiene una «E». La razón es que cada vez que leo este versículo también pienso en la «enseñanza» («E») de la Palabra de Dios. Un maestro justo, hombre o mujer, no solo se alimenta personalmente cuando estudia, sino que de ese estudio también da alimento espiritual a quienes lo escuchan. Como maestra de Biblia y escritora, leo —y oro— con regularidad este versículo. Mi deseo es ofrecer ayuda y aliento espiritual cuando tengo el privilegio de escribir y hablar a las mujeres.

En cambio, «los necios mueren por falta de entendimiento». Este proverbio podría parafrasearse: «El bien se alimenta a sí mismo y a otros, pero la maldad ni siquiera puede mantenerse viva a sí misma».[1]

Las palabras del justo ofrecen sabiduría: «La boca del justo producirá sabiduría; mas la lengua perversa será cortada» (Pr. 10:31). En mi libro *Hermosa a los ojos de Dios*,[2] describo otro viaje que tuve el privilegio de hacer con mi esposo, cuando él acompañó a un grupo de seminaristas en un viaje de estudio de tres semanas a Israel. En una de nuestras excursiones diarias, nos llevaron en autobús al Mar Muerto, cuyo nombre se debe a una buena razón. El agua dulce del río Jordán desemboca en este mar, pero de ahí no fluye a ningún lugar. El agua es altamente salina; por consiguiente, nada vive en ella. Es literalmente un mar «muerto».

Más tarde, aquel mismo día viajamos a Ein Gedi (traducido como «manantial de la cabra»), y vimos lo opuesto al Mar Muerto. Allí había una cascada impresionante, un estanque azul y profundo, y un riachuelo cristalino que caía de una formación natural de rocas. Fue una bendición y un alivio tal del calor abrasador y seco, que la mayoría de los estudiantes nadó o se metió en aquel manantial frío y refrescante.

En mi mente y corazón, este manantial es mi imagen de las

---

1. William MacDonald, *Enjoying the Proverbs* (Kansas City, KS: Walterick Publishers, 1982), p. 58.

2. Elizabeth George, *Hermosa a los ojos de Dios* (Miami, FL: Editorial Patmos, 2009).

palabras de la mujer justa. Sus palabras no solo proveen vida y ayuda, sino también sabiduría refrescante. A través de los años, he conocido un buen número de estas mujeres sabias y vivaces, y he tratado de pasar con ellas el mayor tiempo posible. Quería lo que ellas ofrecían: sabiduría, alegría, aliento y entusiasmo. Espero que hayas notado el contraste entre la lengua del justo y la del perverso. Las palabras de una persona buena serán como un árbol del que brotan flores de sabiduría. Pero la persona cuyas palabras son corruptas o perversas será como un árbol que no tiene propósito y es cortado.

Las palabras del justo son dignas: «Los labios del justo saben hablar lo que agrada» (Pr. 10:32). Como parte de mi viaje para llegar a Cristo, comencé a buscar «algo» semana tras semana mientras visitaba una iglesia tras otra, y un sinfín de reuniones religiosas extrañas. Conscientemente no habría podido explicarte lo que estaba buscando. Pero, cada vez que salía de aquellas reuniones religiosas, sabía en mi corazón que había algo en el mensaje que no estaba bien. Esa falta de aceptación me mantuvo buscando, y buscando, y buscando…

…hasta que Jesús me encontró a mí. Y me encontró justo en mi casa, mientras estaba leyendo la única Biblia que había en nuestro hogar, una que me habían regalado de niña. Lo que aquel libro —la Biblia— decía era agradable a mi corazón. Tenía sentido. Tenía respuestas —respuestas reales— para mis preguntas. Lo que decía merecía mi tiempo y mi consideración. Su mensaje llenó un vacío en mi corazón y en mi alma. Y me llevó a aceptar el hecho de que Jesucristo era Dios, ¡y que yo podía seguirle!

Y ahora aquí, en Proverbios 10:32, Dios nos está diciendo que esta es exactamente la forma de expresarnos que Él quiere que compartamos. Él desea que bendigamos a otros con nuestras palabras… que hablemos lo que es cierto, útil, edificante, bueno, sano, digno, agradable y lleno de gracia.

Desde que acepté a Cristo como mi Salvador y después de muchos años de crecimiento espiritual, he tratado de ser este tipo de persona y maestra: una cuyos labios hablen de lo que es agradable. Esto, mi querida amiga lectora, es lo que Dios desea para sus mujeres… ¡para ti y para mí! Alejémonos, pues, de lo que es perverso y malvado, y hablemos solamente lo que es digno del Señor y de nosotras, como mujeres que somos de Él.

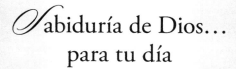

$\mathscr{S}$abiduría de Dios...
para tu día

¡Es una bendición enorme que el libro de Proverbios esté justo en medio de la Biblia! ¡Es tan fácil de encontrar! En este libro, Dios presenta palabras sabias que le dicen a su pueblo cómo vivir, caminar y hablar con sabiduría. Durante el transcurso de tu día, usa algunas de estas palabras de sabiduría cuando hables e interactúes con las personas que se crucen en tu camino:

Piensa antes de hablar: «En los labios del prudente se halla sabiduría; mas la vara es para las espaldas del falto de cordura» (Pr. 10:13). Asegúrate de que tu meta sea escoger cuidadosamente palabras y expresiones que estén a la altura de los estándares de sabiduría y bondad de Dios.

Espera antes de hablar: «Los sabios guardan la sabiduría; mas la boca del necio es calamidad cercana» (Pr. 10:14). Es posible que hayas escuchado el refrán: «Es mejor que piensen que eres un tonto, que abrir la boca y comprobarlo». Lamentablemente, ¡esto es muy cierto! El esperar, en lugar de soltar algo abruptamente, te permite escuchar y evaluar todos los hechos, recordar con quién estás hablando y, lo más importante, te permite calmarte... ¡y hacer una corta oración antes de hablar!

Mejor hablar de menos que de más: «En las muchas palabras no falta pecado; mas el que refrena sus labios es prudente» (Pr. 10:19). Estoy segura de que has experimentado ese mal presentimiento de cuando sigues hablando y explicando y tratando de llenar cada espacio de silencio con habladuría nerviosa. Ya sabes, mientras más dices y mientras más largo es tu parloteo, más profundo es el hoyo que cavas. Puedes resolver fácilmente este problema. Piensa que «¡menos es mejor!». [Y, a propósito, Jesús transmitió este mensaje con estas pocas palabras: «Sea vuestro hablar: Sí, sí; no, no» (Mt. 5:37).]

Mi oración por ti y por mí es que bendigamos a otros con nuestras palabras. Que seamos como la mujer virtuosa de Dios que «cuando habla, lo hace con sabiduría; cuando instruye, lo hace con amor» (Pr. 31:26, NVI). Que, como ella, nuestros corazones sean justos. Y que las palabras de nuestra boca, que nacen en nuestro corazón, enriquezcan, mejoren y bendigan las vidas de quienes las escuchan.

11

Enriquece tu carácter: Virtudes

El que es justo obtiene la vida; el que persigue
el mal se encamina a la muerte.

Proverbios 11:19 (NVI)

Oración

Amado Dios en los cielos, mi mayor anhelo es que, como
un árbol plantado junto a la orilla de un río, que siempre
da fruto a su tiempo y sus hojas nunca se marchitan, así
también quiero plantar mi corazón junto al tuyo. Anhelo
exhibir una conducta justa y virtudes divinas que sirvan
de señal de la vida de tu Hijo en mí para aquellos que
encuentre hoy, y un rayo de luz que atraiga a otros a mi
Salvador incomparable. Amén.

Es probable que tengas algunos versículos bíblicos favoritos que leas una y otra vez, y hasta quizás te los sepas de memoria. Son tan valiosos y útiles que pueden convertirse en tus «versículos lema» para ciertos aspectos de tu vida. Un versículo que mi esposo Jim y yo reclamamos como lema para el matrimonio es Lucas 1:6, pues presenta una descripción impresionante de Zacarías y Elisabet, quienes se convertirían en los padres de Juan el Bautista:

*Ambos eran justos delante de Dios, y andaban irre-
prensibles en todos los mandamientos y ordenanzas
del Señor.*

Lo extraordinario sobre esta pareja y de su vida juntos es
que nunca habían conocido la tan preciada y anhelada bendición de tener hijos. En la antigüedad, cuando un matrimonio
no tenía hijos, generalmente se consideraba como una maldi-
ción de Dios. No obstante, esta pareja «justa» no le dio la es-
palda a Dios ni tampoco le dio un consentimiento indiferente
o tibio. A pesar de sus problemas personales y sus corazones
dolidos, ambos confiaron y siguieron las instrucciones de Dios
completamente y sin reservas.

En el capítulo anterior de este libro aprendimos lo que significa ser «justas» y los efectos de las palabras de una persona
«justa». En el Antiguo Testamento —y especialmente en el
libro de Proverbios—, una persona justa era una persona buena
que hacía lo correcto y, por lo tanto, era una bendición para
otros. En el Nuevo Testamento, lo mismo es cierto en la vida
de Zacarías y Elisabet. Como fueron obedientes a los mandamientos de las Escrituras —las «ordenanzas del Señor»— en
su vejez, Dios los bendijo a ellos y al mundo dándoles un hijo,
Juan el Bautista, ¡el precursor de nuestro Señor Jesucristo! Zacarías y Elisabet no solo fueron bendecidos con un hijo, sino
que su hijo creció para bendecir a multitud de personas. Como
heraldo, Juan el Bautista le anunció al pueblo la venida del
Mesías y los preparó para «la salvación de Dios» por medio del
arrepentimiento.

Cómo cultivar cualidades de carácter cristianas

Aquí, en Proverbios 11, encontramos nuevamente una co-
lección aleatoria de dichos sabios de la pluma del rey Salomón.
En ellos descubrimos lo que ocurre cuando una persona buena

o justa se esmera por alcanzar un comportamiento positivo, y busca la ayuda de Dios para eliminar cualquier conducta negativa, pecaminosa o perversa. ¡Dios tiene muchísimo que enseñarnos sobre la importancia de cultivar y perfeccionar las cualidades del carácter cristiano!

La honestidad frente a la deshonestidad. Si buscas en un diccionario la definición de «integridad» descubres que significa ser sincero, confiable y tener convicciones; en resumen, ser una persona «recta». Un hombre o una mujer que tiene integridad es una persona honesta. Puedes contar con que hará lo correcto por la razón correcta, aun cuando nadie le esté mirando. Estas personas tienen carácter y se rigen por un conjunto de principios bíblicos y morales que les mantiene en la senda de Dios, que es recta y estrecha.

En cambio, la persona deshonesta o traicionera no tiene ninguna, o muy pocas, convicciones y normas morales. Por lo tanto, esta persona torcida sigue el camino de menos resistencia, que está, en efecto, torcido. El escritor de Proverbios nos habla de las recompensas que reciben estos dos tipos de personas:

> *La integridad de los rectos los encaminará;*
> *pero destruirá a los pecadores la perversidad de ellos.*
> (Pr. 11:3)

La gente deshonesta, traicionera, torcida y sin valores será destruida por su propia maldad. Debido a su perversidad, se pierden la «vida real»; las alegrías y las bendiciones cotidianas que trae consigo la vida recta. Y aún más trágico, ¡se pierden el cielo! ¡Qué lamentable que alguien escoja una vida deshonesta presente en lugar de una vida futura sin lágrimas, tristezas y dolor! ¡Qué triste que decida por el pecado en vez de un lugar de vida eterna gozándose en la presencia y gloria del Dios

todopoderoso y su Hijo eterno; nuestro Salvador, el Señor Jesucristo!

A la persona de integridad y virtud siempre la guiará lo que
es correcto, y puede vivir —¡realmente vivir!— y disfrutar la
vida al máximo. Y tampoco tiene temor del futuro porque sabe
que le espera el regalo de vida eterna del Señor.

Me encantan estas palabras de fuente desconocida: «A una
persona no le dan integridad. Es el resultado de una búsqueda
de honestidad implacable y en todo momento». ¡Señor, permite
que seamos implacables en nuestra búsqueda de honestidad!

El chisme y el silencio. Seguramente has escuchado o visto
el término «chismoso» en algún momento de tu vida. Me dediqué a investigar lo que significaba exactamente esta palabra,
y encontré esta interesante descripción: ¡un chismoso es un
entrometido que habla hasta por los codos! Estoy segura de que
entiendes exactamente lo que esto significa. Y estoy segura de
que conoces a algunos individuos en tu trabajo, vecindario, y
quizás hasta en la iglesia, que se les hace la boca agua cuando
escuchan o ven algo, ¡y de inmediato sueltan la lengua y corren
la voz!

No puedes confiar en que los chismosos tendrán la sabiduría ni la autodisciplina para mantenerse callados sobre lo que
escuchan; que tal vez ni sea cierto. Simplemente carecen de
las virtudes de sabiduría y discreción. Y peor aún, carecen de
amor. No aman a la persona de la que están hablando porque
«el amor [cubre] multitud de pecados».[1]

En mi libro *Una mujer conforme al corazón de Dios*,[2] escribí
ampliamente sobre mi problema personal con el chisme como
nueva creyente. Después de reconocer y confesar mi problema,

<hr>

1. Ver Proverbios 10:12 y 1 Pedro 4:8.
2. Ver *Una mujer conforme al corazón de Dios* por Elizabeth George
(Miami, FL: Editorial Unilit, 2006).

comencé a prestar atención a lo que la Biblia dice sobre las personas chismosas. Para mi sorpresa, descubrí que el libro de Proverbios pinta un cuadro triste y alarmante sobre la destrucción y el daño que provocan los chismosos. Por ejemplo:

∼ El chisme traiciona la confianza (Pr. 11:13; 20:19). «El que anda en chismes descubre el secreto; mas el de espíritu fiel lo guarda todo» y «El que anda en chismes descubre el secreto; no te entremetas, pues, con el suelto de lengua».

∼ El chisme separa a las buenas amigas (Pr. 16:28). «El hombre perverso levanta contienda, y el chismoso aparta a los mejores amigos».

∼ El chisme mantiene la situación alborotada (Pr. 26:20). «Sin leña se apaga el fuego, y donde no hay chismoso, cesa la contienda».

Mientras más estudiaba e investigaba las Escrituras, más repugnancia sentía… repugnancia de mí misma y de mi pecado. ¿Cuál era el remedio para eliminar el chisme de mi vida? Primero, llamé por su nombre lo que estaba haciendo: el chisme es pecado. Luego, le pedí a Dios que obrara poderosamente en mi vida, en mi corazón… ¡y en mi boca! Basándome en Proverbios 11:13 («la gente confiable es discreta» [NVI]), elegí no saber nada. No quería saber nada de nadie. Y, si por accidente escuchaba algo, decidía mantenerme callada, no decir nada. Solo puedo dar gracias a Dios y alabarlo por haber aprendido esta difícil lección y haberla corregido durante mis primeros años como cristiana!

Según continúes leyendo diariamente el libro de Proverbios, descubrirás que los proverbios son una fuente de instrucción sumamente práctica sobre cómo vivir una vida recta y piadosa —una vida de carácter— ¡y eso incluye una vida sin chismes!

La gracia y la discreción. El honor más grande que puede recibir una mujer es la alabanza y la admiración de sus seres más cercanos. A medida que caminamos con el Señor y seguimos su Palabra, nuestra vida se convierte en una imagen de gracia y virtud. Justo como Dios dice:

> *La mujer agraciada tendrá honra.*
> (Pr. 11:16)

Sin buscar honores, reconocimiento, popularidad ni atención, conseguiremos la honra y el respeto, y recibiremos la alabanza de otros comenzando con los que viven en nuestro hogar. Nuestra familia será bendecida. Y también nuestro esposo y nuestros hijos. Nuestras amistades íntimas y los conocidos en el trabajo, en el vecindario y en los estudios bíblicos en la iglesia, responderán ante la gracia en nuestra forma de tratarles. Es un hecho. Dios lo afirma: «La mujer agraciada tendrá honra».

A diferencia del mundo en que vivimos, a Dios no le interesa nuestra belleza externa. De hecho, Él nos presenta esta ridícula imagen de la «belleza»:

> *Como argolla de oro en hocico de cerdo*
> *es la mujer bella pero indiscreta.*
> (Pr. 11:22, NVI)

Simplemente, imagínate un cerdo con una argolla de oro en el hocico… ¡lo que usa para escarbar en la basura, el lodo y los escombros! ¿Por qué poner un adorno tan hermoso en un cuerpo tan indigno? Ridículo, ¿no te parece? Pues, esto se compara con una mujer que no exhibe discreción, madurez, tacto ni sabiduría. Tal vez tenga belleza externa, pero eso es todo y, según sus acciones, ella actúa como una bestia despreciable que se revuelca en el fango.

No, La recompensa de Dios es para la belleza interna: nuestras virtudes excelentes, nuestras cualidades piadosas, nuestras virtudes semejantes a las de Cristo; tales como la rectitud, la bondad y la tan necesaria, discreción. Dios aprueba especialmente a la mujer que «teme a Jehová», como afirman estos proverbios:

> *Engañosa es la gracia, y vana la hermosura;*
> *la mujer que teme a Jehová,*
> *ésa será alabada.*
> (Pr. 31:30)

*S*abiduría de Dios… para tu día

Ya antes mencioné que cuando me convertí y como cristiana recién salida del mundo, cada vez que encontraba un pasaje bíblico que me hablara como mujer lo marcaba con mi marcador rosado. Y hoy día, cada vez que leo mi Biblia, estos «pasajes rosados» que mencionan específicamente algo sobre las mujeres me siguen recordando cómo se supone que hable y me comporte como mujer de Dios.

Ya sea que marques o no tu Biblia, no dejes de leerla todos los días. Es en esta práctica diaria que enriquecerás tu carácter y fortalecerás tus virtudes divinas. Es en esta disciplina diaria que definirás la gracia y desarrollarás la discreción. Es en este hábito diario que perfeccionarás la honestidad y harás callar y desterrar el chisme.

Y sigue leyendo el libro de Proverbios, un capítulo cada día. La persona que eres hoy es diferente a la que eras ayer. El ayer ya pasó. Cada «hoy» llega con toda una nueva serie de problemas; ¡o quizás con el reto de seguir lidiando con los viejos que nunca terminan! Y, como bien sabes, cada día trae sus obstáculos, desvíos, tropiezos y catástrofes particulares.

Es mi oración que estés adquiriendo sabiduría e instrucción de la Biblia a través de los problemas de ayer. Pero te repito, hoy es un nuevo día… *tu* nuevo día. Es también el día que te ha dado el Señor, con toda una serie de nuevos retos y responsabilidades que Dios quiere ayudarte a enfrentar. Permite que Él guíe tus pasos durante tu día. Abre tu Biblia y tu corazón, y ora: «Ábreme los ojos, para que contemple las maravillas de tu ley» (Sal. 119:18, NVI).

¡Anímate, amiga querida! Dios te da en su Palabra todo lo que necesitas para enfrentar, de una manera piadosa, lo que sea que traiga tu día… ¡a la manera de Dios! Puedes comenzar cada día de tu vida con estas palabras divinas de verdad y promesa:

> *Que abunden en ustedes la gracia y la paz por medio del conocimiento que tienen de Dios y de Jesús nuestro Señor. Su divino poder, al darnos el conocimiento de aquel que nos llamó por su propia gloria y excelencia, nos ha concedido todas las cosas que necesitamos para vivir como Dios manda. Así Dios nos ha entregado sus preciosas y magníficas promesas para que ustedes… lleguen a tener parte en la naturaleza divina* (2 P. 1:2-4, NVI).

12

Aumenta tu sabiduría cada día: Educable

El camino del necio es derecho en su opinión;
mas el que obedece al consejo es sabio.

PROVERBIOS 12:15

Oración

¡Oh, fuente de todo bien!, me acerco a ti en este nuevo día con un corazón que sin dificultad alguna puede ser terco y rebelde. Con demasiada frecuencia, en mi orgullo y en mi estupidez, decido hacer las cosas a mi manera y con mi sabiduría limitada, y me resisto a tu consejo perfecto y a tu perspectiva sabia a través de tu Palabra. Hoy me someto a tu sabiduría. Padre, te suplico que me ayudes y me dirijas en tus caminos eternos. Amén.

Probablemente conoces este refrán: «La confesión es buena para el alma, pero mala para la reputación». Pues bien, ¡aquí va! Cuando Jim y yo nos convertimos en una familia cristiana, estábamos desesperados por cambiar las cosas en todas las áreas de nuestras vidas, ¡y mientras más pronto, mejor! Por supuesto, nuestro primer paso fue unirnos a un grupo de estudio bíblico en la iglesia. Luego, a medida que comenzamos a leer y estudiar la Biblia, nos dimos cuenta de que la Palabra tenía respuestas para cada necesidad, problema, pregunta y asunto… ¡*todas* las respuestas!

No te imaginas nuestra alegría cuando descubrimos que el libro de Proverbios era una mina de oro de sabiduría. Queríamos crecer deprisa, y Proverbios nos dio las respuestas a nuestras preguntas: «¿Cómo podemos ser hoy más listos y sabios de lo que éramos ayer? ¿Cómo podemos crecer hoy?».

El verdadero camino a la sabiduría es un espíritu educable

He aquí un puñado de proverbios que nos guiaron a la sabiduría. Cada uno de ellos nos dice que escuchemos consejos, que nos rodeemos de muchos consejeros, que prestemos atención a la reprimenda y la corrección, y que crezcamos intencionalmente en sabiduría. Dicho de una forma sencilla: el verdadero camino a la sabiduría es un espíritu educable.

Aprende de las experiencias de los demás. «El camino del necio es derecho en su opinión; mas el que obedece al consejo es sabio» (Pr. 12:15). He aquí un principio que escuché en un seminario de formación para profesores: «Aquel que depende de sus propias experiencias tiene relativamente poco material para trabajar». Bueno, como yo venía del mundo, tenía muchísima experiencia, pero no del tipo adecuado. Como dije antes, necesitaba ayuda con desesperación, especialmente para fortalecer mi matrimonio y para criar a dos hijas pequeñas. Por eso, además de leer mi Biblia, seguí el consejo de muchos proverbios como este (12:15) y comencé a buscar a otras personas que pudieran ayudarme en mi crecimiento como mujer cristiana.

Comencé a mirar a mi alrededor en mi nueva iglesia e identifiqué a las mujeres que parecían tener todo en orden en las áreas del matrimonio, el ministerio, la crianza de los hijos, el crecimiento personal y la disciplina. No era relevante si la mujer era más joven que yo. Si exhibía una de las cualidades que la Biblia decía que yo necesitaba, le pedía ayuda, instrucción y consejo.

Proverbios 12:15 compara a dos tipos de personas. La primera es un necio: «El camino del necio es derecho en su opinión». Esta persona necia no busca ayuda ni sabiduría en otros. Por el contrario, piensa que ya lo sabe todo. Pero la segunda persona es sabia: «Mas el que obedece al consejo es sabio». El buscar —y el escuchar— consejos es una señal de una mujer que es sabia.

Esto no debería ser un concepto extraño. Piensa en toda la gente que contrata consultores, entrenadores, instructores y expertos en eficiencia para que les ayuden a mejorar en su vida personal o profesional. ¿Pero tú? ¡Tú no tienes que contratar a nadie! Dios te ha dado todo el consejo de Dios en su Palabra. Y Él también te ha dado otras personas cristianas, maduras y con experiencia que pueden ofrecerte consejos sabios.

¿Y sabes qué? Mi primera gran bendición fue darme cuenta que ellas estaban esperando —sí, esperando— para ser como las ancianas de «Tito 2» para mujeres como yo, nuevas en la fe y que necesitaban ayuda para entender el plan de Dios para nuestras vidas.[1]

Tú también puedes buscar en tu iglesia a mujeres como las de «Tito 2», quienes están disponibles para guiarte e instruirte en los tiempos difíciles y durante las distintas etapas de la vida. Estas mujeres más maduras son un ejército divino de expertas angelicales; listas para ayudarte a fortalecer tus alas espirituales. La Biblia nos enseña que «las ancianas asimismo sean… maestras del bien; que enseñen a las mujeres jóvenes…» (ver Tit. 2:3-5). La responsabilidad de ellas es ser ejemplo, enseñarte

---

1. Ver Tito 2:3-5. Te recomiendo también mi libro *El llamado supremo de la mujer* (Miami, FL: Editorial Unilit, 2003).

y alentarte. Tu responsabilidad es buscarlas, hacerles preguntas y ser una mujer sabia que «obedece al consejo».

Busca múltiples opiniones. «Donde no hay dirección sabia, caerá el pueblo; mas en la multitud de consejeros hay seguridad» (Pr. 11:14). Este proverbio contrastaba originalmente a una nación que fracasa porque carece de consejo con otra nación que alcanza la victoria porque tiene muchos consejeros. Lo mismo puede decirse de ti y de mí. Cuando tengas que tomar decisiones importantes con respecto a tu salud, tus finanzas, tu matrimonio, tu familia, tu trabajo, la educación de tus hijos; entre otros, asegúrate de pedir el consejo y las opiniones de varias personas a las que respetes; personas que sean sabias y experimentadas.

La sabiduría que encierra Proverbios 11:14 es tu protección. Si te apoyas en ti misma, tus sentimientos, tu conocimiento limitado, tus amigas o compañeras de trabajo (que tal vez te digan lo que *quieres* escuchar), es posible que tomes una decisión que te lleve en la dirección equivocada. Cuando buscas múltiples opiniones, estás reuniendo la sabiduría, la experiencia y el conocimiento colectivos de otros. Siéntate a sus pies. Absorbe su consejo. Dios promete que los necios independientes, ignorantes, autosuficientes y orgullosos van a caer. Y, alabado sea, Él también promete que el que busca humildemente la voluntad y la verdad de Dios alcanzará la victoria.

Acepta la corrección de otros. «No reprendas al escarnecedor, para que no te aborrezca; corrige al sabio, y te amará» (Pr. 9:8). Por lo general, ¿cómo manejas la crítica? ¿Y cuál es tu actitud o respuesta cuando alguien te da un consejo que no has pedido o que no te gusta? Esta prueba revela si estás en la categoría de mujer «escarnecedora» o «sabia». ¿Cuál eres tú? «Por lo tanto, no te molestes en corregir a los burlones; solo ganarás su odio. En cambio, corrige a los sabios y te amarán» (NTV).

Un autor y padre les explicó Proverbios 9:8 a sus dos hijos adolescentes con este consejo y estas palabras sencillas y fáciles de entender:

> La forma en que un hombre recibe la corrección es una señal de su carácter. Un escarnecedor te aborrece, mientras que un hombre sabio te lo agradecerá... En lugar de resentir la crítica, un hombre sabio la toma a pecho, y así se vuelve más sabio.[2]

Sé una estudiante de por vida. «Instruye al sabio, y se hará más sabio; enseña al justo, y aumentará su saber» (Pr. 9:9, nvi). Este proverbio habla sobre el proceso continuo de impartir —y recibir— sabiduría. Me encanta la manera en que Dios describe cómo Jesús se iba convirtiendo en adulto en Lucas 2:52:

> *Y Jesús crecía en sabiduría y en estatura, y en gracia para con Dios y los hombres.*

Jesús siguió la trayectoria normal hacia la madurez. Su vida fue progresando, y esa también debe ser nuestra meta: volvernos más sabias e inteligentes cada día, así como más maduras espiritualmente. Cada día que Dios nos permite vivir es para aprender algo nuevo y diferente. ¿Cómo puedes asegurarte de que cada día sea una oportunidad para crecer y aprender?

¡Lee! Un método básico para crecer a partir de las experiencias de otros es leyendo libros escritos por creyentes y mujeres piadosas. Por ejemplo, ¿tienes un problema con algún asunto o rol en tu vida? Entonces, busca un autor cristiano que tenga respuestas para ti en esta área. Lee cómo él o ella abordaron ese mismo problema. Aprende de las referencias bíblicas que usa

---

2. William MacDonald, *Enjoying the Proverbs* (Kansas City, KS: Walterick Publishers, 1982), pp. 51-52.

el autor. Crece en sabiduría según aplicas principios sabios a tu problema. Ese autor ha pasado años investigando, luchando y lidiando con tu mismo problema, y ahora él o ella te están ofreciendo ayuda para que alcances la victoria en esa área. Piensa en esto: es posible que ellos hayan resumido diez o más años de experiencias en un solo libro, y las tienes a tu alcance por unos cuantos dólares y algunas horas de lectura. ¡Tremenda ganga!

Haz preguntas, y no cualquier tipo de preguntas, sino las preguntas adecuadas… preguntas que amplíen tu comprensión de la Biblia y cómo se aplica a tu vida y tus problemas. Recuerda que eres una estudiante. Esto significa que cada persona puede enseñarte algo. Tal vez hasta sean expertas en algo en particular. Descubre qué es ese algo, y luego aprende de ellos.

Ya lo has escuchado antes: ninguna pregunta es estúpida. Entonces, no tengas miedo de hacer preguntas. Una pregunta que no se hace es información que nunca descubres. Haz preguntas, y tal vez aprendas algo que sea de gran beneficio para ti… ¡algo que transforme tu vida!

Esfuérzate al máximo. «El que ama la disciplina ama el conocimiento, pero el que la aborrece es un necio» (Pr. 12:1, NVI). La palabra «disciplina» también puede traducirse como «instrucción». La idea es que no es fácil aprender, ni adquirir conocimiento o sabiduría. Todo esto requiere esfuerzo. Por lo tanto, es a través del esfuerzo de la disciplina que describe Proverbios 12:1 que te mantienes siendo una estudiante de por vida.

Es posible que llegue un momento en que te sientas cómoda con tu nivel de conocimiento, tus funciones y tus responsabilidades. Todo está marchando bien en casa, estás desempeñando bien tu trabajo y tu ministerio y, a la misma vez, estás atendiendo todas tus actividades y compromisos cotidianos. Todo es pan comido. Tus retos personales y ministeriales se han estabilizado, y sientes que sabes lo que estás haciendo.

Así me pasó a mí. Durante dos décadas había buscado crecimiento espiritual, había cuidado mi matrimonio, había sido una mamá involucrada en la vida de mis hijas y había aceptado cualquier reto ministerial que me ofrecieron en la iglesia. Entonces, un día me levanté y todo estaba en orden... y tranquilo. Mis dos hijas ya estaban casadas. Y allí estaba yo, haciendo lo mismo una y otra vez, cuestionándome: «¿Esto es todo? ¿Hay algo más? Señor, ¿y ahora qué sigue?».

Fue entonces que, siguiendo las instrucciones de Dios, decidí asumir una tarea nueva, totalmente distinta y superretadora: ¡escribir un libro! Fue casi cuando empecé a conversar con Dios sobre mi *statu quo* que, de pronto y de la nada, me llamaron de una casa editorial (¡!) y me preguntaron si consideraría escribir un libro.

¡Vaya oportunidad para crecer, para aprender algo nuevo (no, digamos mejor muchas cosas nuevas), para esforzarme al máximo y ser disciplinada! ¡Ah! Esto fue hace cien libros atrás, cuando me adentré en un terreno complemente extraño para mí. Y cada uno de esos cien libros y estudios bíblicos trajo consigo la necesidad de que investigara más la Biblia (crecimiento), trabajara con más ahínco para mejorar mis destrezas como escritora (instrucción) y creara una forma completamente nueva de manejar mi tiempo (dirección).

No seas como el Mar Muerto. ¡No te estanques! ¡E-s-f-u-é-r-z-a-t-e al máximo! Cada día pregúntate:

> «¿Hay algo nuevo que pueda aprender hoy?».
> «¿De quién puedo aprender hoy?».
> «¿Cómo puedo hoy esforzarme al máximo en algún aspecto de mi vida?».

Tienes que estar dispuesta a pagar el precio. Cuando Jesús habló del cielo, lo comparó con un mercader en busca de perlas de primera calidad. Cuando el mercader encontró «una perla preciosa, fue y vendió todo lo que tenía, y la compró».[3] Cuando quieres aprender y crecer en sabiduría y en tu vida cristiana, siempre tendrás que pagar un precio. Se necesita tiempo para leer y estudiar la Biblia… y los proverbios. Se necesita tiempo para reunirte con otras mujeres para recibir dirección, consejo, y para rendirles cuenta. Se necesita tiempo —y dinero— para leer libros llenos de sabiduría e instrucción, para completar tus estudios bíblicos personales, para asistir a una conferencia impartida por oradores talentosos.

Sí, necesitas tiempo —y a veces dinero— para crecer en sabiduría, pero la recompensa es grande. Agradarás a Dios y bendecirás a otros al compartir la sabiduría que buscaste… ¡y obtuviste!

---

3. Ver Mateo 13:45-46.

Sabiduría de Dios... para tu día

Agradezco al Señor que una de mis primeras mentoras me sugirió que escogiera cinco temas que me apasionaran y en los que estuviera interesada para investigar y estudiar. Bueno, tomé en serio el encargo y comencé mi estudio, y hoy día mucho de lo que aprendí a través de los años en las cinco áreas que seleccioné lo estás leyendo en mis libros. Entonces, hoy te presento el mismo reto. Escoge hoy cinco áreas de interés y comienza el proceso de aprendizaje; o, por lo menos, comienza a orar para descubrir cuáles podrían ser esos temas. ¿Quién sabe? Tal vez dentro de unos años, ¡voy a estar leyendo tus libros!

...Y esto me lleva a una palabra de aliento final: lo que estás aprendiendo no es solo para ti. Dios quiere que aprendas y crezcas... y que compartas ese conocimiento y experiencia con otras personas. Ese es el plan de Dios: que difundas lo que sabes y lo que has aprendido, que «[seas] un buen ejemplo para las mujeres más jóvenes, y [les enseñes]» (Tit. 2:3-4, TLA).

Conforme obedeces el consejo sabio de Dios de ser una mujer fiel que pide el consejo y la dirección de otros, pídele a Él que te dirija a las personas correctas. He aquí una oración que puedes usar hoy y en cualquier momento que estés buscando dirección divina:

> Señor, te pido que me muestres cómo debo buscar consejo. Revélame las personas que pueden

*darme consejos sabios. Enséñame a discernir y
a usar el consejo que recibo. Ayúdame a crecer
y a aprender, de manera que pueda darles buenos consejos a otras personas que los necesitan.*[4]

---

4. Neil S. Wilson, *The One Year Book of Proverbs* (Wheaton, IL: Tyndale House Publishers, Inc., 2002), 12 de mayo.

13

Di la verdad: Palabras

Del fruto de su boca el hombre comerá el bien;
mas el alma de los prevaricadores hallará el mal.
El que guarda su boca guarda su alma; mas el
que mucho abre sus labios tendrá calamidad.

PROVERBIOS 13:2-3

Oración

¡Oh, Señor omnipresente!, hoy me acerco a tu trono de san-
tidad para pedirte ayuda con mi lengua. Me avergüenza
saber que has escuchado y te has fijado en cada palabra im-
prudente, descuidada e hiriente que he pronunciado. Pero,
alabo a tu santo Hijo, porque en Jesús tengo perdón. Hoy
me propongo guardar mi boca, para que ninguna palabra
malsana pueda salir de ella. Permite que mis palabras sean
para alabarte a ti y todo lo que es verdadero, edificante y
alentador para otros. Amén.

¡La boca y la manera de hablar de las personas son temas m-u-y comunes en Proverbios! Cabe esperar esto de un libro en la Biblia que se enfoca y exalta la sabiduría, ¿no te parece? Y tal vez sea porque nuestras palabras son un problema monumental, desagradable, de todos los días y de minuto a minuto.

El capítulo 13 de Proverbios comienza con los versículos 2 y 3; y abordan el tema de la boca de una persona. De principio a fin en Proverbios encontramos muchos otros versículos que tratan con nuestra manera de expresarnos, y son un recordatorio constante de cómo debemos hablar, qué debemos decir y qué no debemos decir. Ya sabes que el libro de Proverbios es extremadamente práctico, y trata con casi todos los problemas que jamás tendrás, ¡justo hasta las palabras que salen de tu boca! Igual que el libro de Proverbios, esta sencilla canción infantil de la escuela dominical tiene un mensaje poderoso:

Ten mucho cuidado.
Mira por dónde vas;
que Dios te está mirando,
di siempre la verdad.

Nuestra forma de hablar es un elemento —y un reto— clave en nuestra vida cotidiana. Nuestras palabras revelan qué somos y qué estamos pensando. Si tus palabras son así de importantes, entonces conocer más sobre los proverbios que abordan esta señal de sabiduría tan significativa solo puede ayudarnos. En Proverbios, Dios nos da sus instrucciones para lidiar con esta importante área problemática de la lengua. Él incluso nos dice qué tipo de palabras debemos y no debemos usar, y nos ofrece una gran cantidad de consejos para este reto diario. Tú y yo tenemos ayuda y esperanza porque las instrucciones en Proverbios nos enseñan cómo triunfar sobre nuestra boca.

A medida que vayas leyendo los proverbios en este y otros capítulos que abordan el tema de la boca y la manera de hablar, notarás los efectos positivos de las palabras correctas. También verás que las palabras incorrectas producen resultados malos o negativos. Siempre recuerda: tus palabras tienen mucho peso; siempre producirán un efecto, ya sea positivo o negativo.

Tres verdades sobre las palabras

Los efectos de la manera correcta de hablar: «Del fruto de su boca el hombre comerá el bien; mas el alma de los prevaricadores hallará el mal» (Pr. 13:2). La mayoría de las veces que la Biblia se refiere a «fruto» lo describe como el resultado de alguna actividad. En este proverbio vemos que la conversación razonable de una persona producirá buenos resultados, buen fruto. Vemos esta misma idea en otros dos versículos: «El hombre será saciado de bien del fruto de su boca» (12:14) y «Del fruto de la boca del hombre se llenará su vientre; se saciará del producto de sus labios» (18:20). Ahora que conoces más sobre los efectos positivos de la manera correcta de hablar, ¿cómo puedes ser más consciente en tu selección de palabras? Proverbios 10:11 nos da la respuesta: «Manantial de vida es la boca del justo». Obviamente, una vida y un corazón justos producirán un hablar justo. Para ser una mujer que expresa lo correcto, asegúrate de que tu corazón esté bien.

Las consecuencias del hablar imprudente: «El que guarda su boca guarda su alma; mas el que mucho abre sus labios tendrá calamidad» (Pr. 13:3). Lo que decimos puede meternos en más problemas que lo que hacemos. Por ejemplo, piensa en la última vez que terminaste comprando algo a un precio demasiado alto solo porque dijiste sí muy pronto. O recuerda la credibilidad que perdiste porque se te escapó algo y traicionaste una confidencia.

Sin duda, la persona que carece de dominio propio en lo que respecta a su boca tiene un serio problema. La lección de este proverbio es, ten cuidado con lo que dices… simplemente podría ser tu perdición, tu ruina. O, como dijo Benjamín Franklin: «Mejor resbalar con el pie que con la lengua».[1]

---

1. Benjamín Franklin, *Poor Richard's Almanac*, vol. 1, «Lists to Live By», p. 322.

El libro de Santiago —en el Nuevo Testamento— se conoce como un «libro de sabiduría». He aquí algunos datos sobre la lengua que deberían alertar a todas las mujeres a cuidar su forma de hablar. Santiago describe la naturaleza de la lengua en Santiago 3:6:

La lengua:

> es un fuego,
> es un mundo de maldad,
> puede contaminar todo el cuerpo,
> puede inflamar el curso de tu vida, y
> es inflamada por el infierno.

En palabras de Juan Calvino: «Esta delgada porción de carne contiene todo un mundo de iniquidad».

Desdichadamente, somos expertas dando excusas para el uso desenfrenado de la lengua. Decimos:

> «¡Alguien se lo tenía que decir!».
> «Fue bueno desahogarme».
> «Sin duda le dije lo que pienso».
> «Tal vez le haga algún bien lo que le dije».
> «Me siento mejor por habérselo dicho».[2]

Hay algo que podemos hacer con respecto a nuestra manera de hablar. «En lugar de dar excusas para hablar sin tapujos, podemos actuar con moderación y permitir que la paz y la sabiduría de Dios guíen lo que decimos».[3]

Los beneficios de decir la verdad: «El labio veraz permanecerá para siempre; mas la lengua mentirosa sólo por un momento»

---

2. Bruce B. Barton, David R. Veerman y Neil Wilson, *Life Application Bible Commentary—James* (Wheaton, IL: Tyndale House Publishers, Inc., 1992), pp. 80-81.

3. Ibíd.

(Pr. 12:19). La verdad es algo maravilloso y extraordinario: nunca tienes que recordar lo que dijiste si dices la verdad siempre. Sin embargo, la mentira tienta a todo el mundo, a pesar de que es tan mala y perjudicial que aparece en la lista de Dios de las siete cosas que «abomina su alma».[4] El entender la gravedad de la mentira debe llevar a toda mujer a pensar dos y tres veces antes de mentir, o decir «medias verdades», las que, como ya sabemos, son realmente mentiras.

Tres palabras de sabiduría

Hablar demasiado conduce al pecado: «En las muchas palabras no falta pecado; mas el que refrena sus labios es prudente» (Pr. 10:19). Es razonable pensar que, mientras más hablas, mayor es la probabilidad de decir algo incorrecto, desconsiderado, perverso, dañino o desagradable. Otra traducción dice: «El que mucho habla, mucho yerra» (NVI). A fin de cuentas, el hablar compulsivamente lleva a exageraciones, a que se divulguen confidencias y se hagan comentarios tontos; lo que, en su mayoría, se identifica en la Biblia como conducta pecaminosa.

El patrón de lenguaje opuesto es la marca de la sabiduría: «Mas el que refrena sus labios es prudente» (Pr. 10:19). O, como dice otra traducción: «Hablar demasiado conduce al pecado. Sé prudente y mantén la boca cerrada» (NTV). Cuando empleas el dominio propio en tu forma de hablar, eres —y te ven— como una mujer sabia. También te evitas vergüenzas, disculpas y la necesidad de pedir perdón a Dios y a las personas que has lastimado o destruido con tus palabras. Cuando de hablar se trata, nunca olvides que «las palabras son tan poderosas que, a veces, el silencio es la acción más sabia».[5] Sé prudente en vez de tener que pedir perdón. Que tu consigna y guía hacia la sabiduría sea: ¡menos es más!

---

4. Ver Proverbios 6:16-19.
5. *Handbook of Life Application*, Santiago 3:5, p. 655.

Las palabras pueden matar o sanar: «El charlatán hiere con la lengua como con una espada, pero la lengua del sabio brinda alivio» (Pr. 12:18, NVI). Sin duda, podemos usar nuestras palabras para herir o sanar a otros. Ya lo sabemos por experiencia personal; por haber herido a alguien con palabras crueles, palabras furiosas, palabras destructivas o palabras difamatorias. Por desgracia, escuché la historia trágica de una madre que relató en el funeral de su hijo —que se había suicidado— que unos rumores falsos sobre él fueron la razón que lo llevó a quitarse la vida.

Agradece al Señor que también somos capaces de pronunciar palabras que sanan… palabras dulces, palabras reconfortantes, palabras alentadoras, palabras de amor, palabras de aprecio, palabras de consejo y palabras de oración.

Las palabras crueles pueden cortar —y obviamente matar— con la profundidad de una estocada de espada o una brasa de fuego. Santiago hizo eco de esta verdad cuando escribió: «La lengua está puesta entre nuestros miembros, y contamina todo el cuerpo, e inflama la rueda de la creación, y ella misma es inflamada por el infierno» (Stg. 3:6). Durante mi investigación sobre este tema en Proverbios, marqué en un libro este poema anónimo titulado «Los pecados de la lengua»:

> Solo una palabra de ira,
>   pero lastimó un corazón sensible;
> Solo una palabra fuerte de reproche,
>   pero las lágrimas comenzaron a caer;
> Solo una palabra apresurada y desconsiderada,
>   cruel y mordaz;
> Pero oscureció el día que antes resplandecía,
>   y un aguijón dejó atrás.[6]

---

6. M.R. DeHaan y Henry G. Bosch, *Our Daily Bread* (Grand Rapids, MI: Zondervan Publishing House, 1982) [*Nuestro Pan Diario*], 20 de enero.

Estoy segura de que puedes identificarte con los lamentos detrás de estas palabras; yo lloré la primera vez que las leí. ¡Sin duda este poema puede brindarnos enseñanzas útiles! Pero de nuevo, ¿no te alegra que la lengua también tenga la oportunidad de brindar salud y sanidad? Tal como nos dicen otros dos proverbios: «La lengua apacible es árbol de vida» (15:4) y «La respuesta amable calma el enojo» (15:1, NVI). Me topé con estas palabras que pueden servir como una lista de verificación para nuestra forma de hablar:

> Presta atención a tus comentarios. ¿Eres constantemente negativa? ¿O esperas y hablas sobre lo positivo? Vigila tu forma de hablar y escoge siempre palabras positivas. Una actitud positiva crea más positivos. Pídele a Dios que te ayude a guardar tu lengua. Él te enseñará cómo hablar palabras de sabiduría y de bondad.[7]

Tú y yo siempre tenemos una opción cuando abrimos nuestra boca: podemos escoger palabras que hagan daño o palabras que sanen. Recuerda: no tienes dominio propio si no puedes dominar lo que dices y lo que no dices.

Mientras escribía el párrafo anterior, ¡no podía dejar de pensar en chocolate! Más específicamente, en toda una caja de chocolates. Si te pareces a mí (¡y por suerte tienes una caja de chocolates!), le echas un vistazo a esa caja de exquisiteces y, con toda tu calma y cuidado, escoges el que te vas a comer. Ya sabemos que cada uno de ellos es dulce y delicioso, ¡un verdadero festín! Y con mucho cuidado nos tomamos el tiempo para seleccionar uno, solo uno —el único— que será el más gratificante.

Como mujeres conforme al corazón de Dios, busquemos

---

7. *Checklist for Life for Women*, «Watch Your Mouth» (Nashville, TN: Thomas Nelson Publishers, 2002), p. 305.

primeramente solo pronunciar palabras que sean «chocolate» para otra persona; palabras que sean buenas, dulces y estimulantes. Palabras que sean reconfortantes y sabias que ministren a la persona y a su necesidad individual. Cuando hables con las mujeres que se crucen en tu camino, escucha lo que hay en sus corazones. Discierne sus necesidades. Luego, piensa en todas las buenas palabras que puedes decirles, y escoge la perfecta para bendecirlas.

La sabiduría imparte conocimiento cuando habla. «Cuando los sabios hablan, comparten sus conocimientos; cuando los tontos hablan, sólo dicen tonterías» (Pr. 15:2, TLA). Otros proverbios describen al tonto que habla, aun cuando no tiene nada que decir (ver Pr. 12:23; 13:16). La mujer sabia, por otra parte, tal vez hable con menos frecuencia, pero cuando habla tiene algo valioso que decir. Su lengua habla palabras gratas y pertinentes… que llevan grabadas la marca de la sabiduría.

A muchas mujeres les cuesta muchísimo trabajo mantener su boca cerrada. Por alguna razón, nos sentimos obligadas a ofrecer una opinión o dar un pequeño consejo en casi todos los temas… ¡o asegurarnos de que tenemos la última palabra! Conocemos mujeres, o hemos sido «esa mujer»… la bocona, la sabelotodo, la que entretiene a todo el mundo, la que dice la última palabra. ¿Cuál es entonces la solución divina para nuestra tendencia a soltar la lengua?

Como dice, la mayoría de los proverbios que hablan sobre la lengua, tenemos que resistir estas tentaciones y decidir escuchar… en lugar de hablar. ¿Por qué no escuchar? No te pierdas la posible contribución que otros hacen en nosotras, lo que a su vez nos vuelve más sabias. Ese es el mensaje de Proverbios 9:9: «Da al sabio, y será más sabio».

Sabiduría de Dios...
para tu día

¿Cambiarías tu forma de vivir si supieras que Dios va a examinar cada una de tus palabras y tus pensamientos? David le pidió a Dios que aprobara sus palabras y pensamientos como si fueran ofrendas presentadas ante el altar de Dios. Y terminó el Salmo 19 rogando en oración que sus palabras fueran gratas a Dios. Al comenzar el día de hoy —y cada día— recuerda pedirle a Dios que dirija todo lo que digas y lo que pienses. David oró:

> *Sean, pues, aceptables ante ti mis palabras y mis pensamientos, oh Señor, roca mía y redentor mío* (Sal. 19:14, NVI).

14

Camina en obediencia: Confianza

En el temor de Jehová está la fuerte confianza;
y esperanza tendrán sus hijos.

PROVERBIOS 14:26

Oración

Amado Señor de toda compasión, tus misericordias me han permitido ver el amanecer de un nuevo día. Te ruego que, por tu gracia, muevas mi voluntad para responder a tu sabiduría, porque el poder para obedecer no está en mí, sino solo en tu amor dado libremente que hace posible que te sirva. Que este sea un día para avanzar con temor reverencial hacia una mayor obediencia a tu perfecta voluntad. Amén.

Crecí en Oklahoma, y allí la amenaza de tornados y sus poderes destructivos era constante e inminente. Cada vez que una tormenta amenazaba en las llanuras, mi familia y yo salíamos de la casa y mirábamos al cielo con preocupación y cautela… y total asombro. ¿Sentíamos miedo? No… bueno, tal vez un poco… ¡siempre y cuando la tormenta estuviera lejos! Sin embargo, la mejor descripción de nuestras emociones era respeto. Sabíamos que aquellas tormentas eran capaces de producir una gran devastación… y hasta muerte. Y por respeto a su potencial de destrucción, teníamos nuestro plan familiar, practicábamos nuestro plan de supervivencia y obedecíamos ese plan al primer asomo de un tornado.

Nuestra preocupación, o posiblemente miedo, se originaba en el respeto ante el poder de estos violentos fenómenos naturales. Los amerindios que vivieron en tiempos pasados en aquella misma región de Oklahoma posiblemente adoraron a esas tormentas porque consideraban que el poder que tenían era extraordinario y divino.

Aquí, en Proverbios 14, volvemos a leer la frase «el temor de Jehová» (Pr. 14:2, 26-27). La primera vez que la vemos es en Proverbios 1:7, cuando se introduce el tema de la sabiduría y el conocimiento: «El principio de la sabiduría es el temor de Jehová». Y luego aparece una y otra vez y, para cuando terminas de leer todo el libro de Proverbios, ya la has visto más de quince veces.[1] Esta cantidad de repetición y énfasis en el «temor de Jehová» es un alerta roja que nos indica la magnitud de su importancia.

Comprender el temor de Jehová

Como la frase «el temor de Jehová» se usa tres veces en este capítulo de Proverbios, tratemos de entender mejor su significado. El temor que tenía, y que todavía tengo, por este tipo de tormentas que ocurren en Oklahoma no es un pánico histérico y descontrolado, sino de un enorme respeto. Entiendo el potencial de destrucción absoluta para cualquier persona o propiedad que esté en el paso de una tormenta como esta. Respeto u honro la tormenta tomando las precauciones necesarias cuando hay una que está amenazando en el horizonte.

Los eruditos bíblicos han dicho que así debemos abordar la

---

1. Ver Proverbios 1:7, 29; 2:5; 8:13; 9:10; 10:27; 14:2, 26-27; 15:16, 33; 16:6; 19:23; 22:4 y 23:17.

frase «el temor de Jehová». Debido a quien Dios es y a su fuerza omnipotente sobre todas las cosas, le honramos y demostramos reverencia y respeto cuando somos obedientes a su voluntad. Este tipo de reverencia o temor reverencial debe ser la influencia controladora en nuestras vidas. Cuando es así, y cuando honramos a Dios, nuestras vidas son bendecidas y adquirimos muchas cualidades, entre ellas:

Los que temen a Jehová tienen integridad: «El que camina en su rectitud teme a Jehová; mas el de caminos pervertidos lo menosprecia» (Pr. 14:2). Caminar en «rectitud» o integridad es una demostración externa de lo que significa «temer» u honrar a Dios en nuestro corazón y en las decisiones cotidianas de nuestras vidas. Seguir el camino opuesto a la rectitud —el camino torcido, perverso o sinuoso— es una demostración externa de lo que significa hacer caso omiso, deshonrar y faltarle el respeto al Señor. Una persona no puede decir que honra, respeta y adora a Dios si está caminando en desobediencia; si carece de integridad. Jesús lo explicó así: «Si ustedes me aman, obedecerán mis mandamientos» (Jn. 14:15, NVI).

Los que temen a Jehová tienen confianza: «En el temor de Jehová está la fuerte confianza; y esperanza tendrán sus hijos» (Pr. 14:26). Nota dónde está la confianza: «en el temor de Jehová». Este tipo de confianza siempre debe ser parte de nuestras vidas. No obstante, cuando somos desobedientes a los caminos del Señor —cuando no le tememos, le reverenciamos, le respetamos, le obedecemos ni lo seguimos a Él— entonces llega la duda y el miedo, y se sacude, se debilita y se desmorona nuestra confianza en nuestra relación con Dios y nuestra posición en su familia.

Esto es exactamente lo que ocurrió en el huerto del Edén. Adán y Eva caminaban con Dios, hablaban con Dios y disfrutaban de una comunión plena con Dios… hasta que decidieron desobedecerlo. De repente, se dieron cuenta de que estaban desnudos. Nunca antes habían tratado de esquivar a Dios, ¡pero ahora estaban buscando un buen lugar para esconderse!

La duda y la indecisión surgieron al instante en Adán y Eva después que desobedecieron voluntariamente a Dios en el huerto. Su comunión con Dios se había arruinado. En lugar de pasearse en la frescura del huerto *con* Dios, se escondieron de Él. Cuando Dios lo confrontó, Adán confesó: «Oí tu voz en el huerto, y tuve miedo, porque estaba desnudo; y me escondí» (Gn. 3:10).

Cuando tienes tus prioridades en orden, cuando tu corazón está enfocado en obedecer y agradar al Señor, y cuando estás caminando por el Espíritu, no vas a huir de Dios. Por el contrario, lo atesorarás y te aferrarás a Él; te sentirás segura, protegida y valorada por Él. Experimentarás la paz de Dios en tu corazón. Como dice Proverbios 18:10: «Torre fuerte es el nombre de Jehová; a él correrá el justo, y será levantado». Un predicador resumió el temor de Jehová con estas palabras: «Los hombres que temen a Dios enfrentan la vida sin temor alguno. Los hombres que no temen a Dios terminan temiéndole a todo».[2]

Espero que hayas prestado atención a la segunda parte —las palabras finales— de nuestro versículo principal: «El temor del Señor es un baluarte seguro *que sirve de refugio a los hijos*» (nvi). Todo el que tiene un lugar de refugio cuando la vida se vuelve amenazante es bendecido. Dios no solo es tu refugio, sino que conforme eres fiel para recurrir al Dios todopoderoso, orar a Él y depender de Él, les estás demostrando a otras personas cómo lidiar con el miedo y el estrés.

Los que temen a Jehová van por el camino a la sabiduría: «El temor de Jehová es enseñanza de sabiduría; y a la honra

---

2. Albert M. Wells, Jr., *Inspiring Quotations—Contemporary & Classical*, citando a Richard Halverson (Nashville, TN: Thomas Nelson Publishers, 1988), p. 73.

precede la humildad» (Pr. 15:33). Este proverbio deja claro que «el temor de Jehová no es meramente la puerta de acceso, sino el camino de la sabiduría completo».[3] El tener un estilo de vida y una actitud que teme al Señor se convierten en los medios a través de los que Dios nos capacita en sus caminos; los caminos de sabiduría. He aquí una lista corta de todo lo bueno que acompaña al temor de Jehová:

~ El temor de Jehová guía el uso que le damos a la sabiduría.

~ El temor de Jehová nos recuerda que el entendimiento y el conocimiento son dones que debemos usar para el beneficio de otros.

~ El temor de Jehová no nos permite olvidar quién es Dios, y que nosotras no somos Dios.

~ El temor de Jehová promueve el tipo de humildad apropiado.

«Los más altos honores que recibimos en la vida se desperdician si no los precede la humildad y si no proceden de nuestro uso de la sabiduría para marcar una diferencia en la vida de otras personas».[4]

Los que temen a Jehová piensan como Dios: «El temor de Jehová es aborrecer el mal; la soberbia y la arrogancia, el mal camino, y la boca perversa, aborrezco» (Pr. 8:13). A lo largo del libro de Proverbios, los pensamientos y las acciones de sabiduría son ejemplos de pensamiento piadoso. Aquí, en Proverbios 8:13, Dios está diciendo que aquellos que le siguen —quienes

3. Derek Kidner, *Proverbs* (Downers Grove, IL: InterVarsity Press, 1964), p. 117.

4. Neil S. Wilson, *The One Year Book of Proverbs* (Wheaton, IL: Tyndale House Publishers, Inc., 2002), 15 de diciembre.

temen a Jehová— aborrecerán el mal, de la misma manera que Él aborrece actitudes y pecados como la soberbia y la arrogancia, la boca perversa y el mal camino. Para temer a Jehová y pensar como Él, debemos preguntarnos: «¿Aborrezco el mal igual que Dios aborrece el mal, o me he vuelto insensible y acepto los males de la sociedad como parte de la vida cotidiana?». Nuestra meta como seguidoras de Dios es pensar y actuar como Él, y eso incluye el temor de Jehová. «El temor del Señor es una mentalidad donde las actitudes, la voluntad, los sentimientos, las obras y las metas de alguien se intercambian por las de Dios».[5]

---

5. John MacArthur, *The MacArthur Study Bible*, edición actualizada NASB (Nashville, TN: Nelson Bibles, 2006), p. 877. (*Biblia de Estudio MacArthur*, [Grupo Nelson, 2011]).

𝒮abiduría de Dios... para tu día

Como mujer, lucho contra el miedo todos los días. ¡La oración y las promesas de Dios son mi pan de cada día! ¿Quién no le teme al crimen? Jim y yo hemos sido víctimas de dos robos, así que nuestra seguridad en la casa es un asunto de oración constante de confianza en Dios en lugar de temer a lo que el hombre pueda hacernos (Sal. 56:4). ¿Y quién no le teme al daño o al sufrimiento personal o de nuestros seres amados? Sí, hemos recibido la temida llamada «Papá, acabo de tener un accidente de auto». Y también hemos vivido el cáncer de una de nuestras hijas, y serios problemas de salud y físicos con varios de nuestros nietos.

Al igual que tú, para estos y todos los otros miedos, podemos correr a nuestro Padre amado y encontrar refugio a la sombra del Todopoderoso. ¡Él es nuestro castillo fuerte! Nuestra fortaleza. Nuestro refugio. Él guarda a sus hijos a cada instante. Alábalo de día y noche por su constante protección y cuidados. Confía diariamente en Él para su amorosa provisión y dirección. Vuélvete a Él tan pronto se asome el miedo a tu corazón. Descansa en Él. Y ámalo con todo tu corazón, con toda tu alma, con toda tu mente y con todas tus fuerzas.

Y «témele a» Él. La palabra «temor» cuando se aplica a Dios y al temor de Jehová es algo bueno. Una y otra vez vemos este «temor» como una actitud positiva hacia Dios. Podríamos llamarla «tener conciencia de Dios». Este «temor de Jehová» significa que tú y yo reconocemos la soberanía de Dios y somos conscientes de su presencia en todos los aspectos de nuestras vidas. Ningún área de nuestras vidas está fuera del alcance, es pasada por alto o es ignorada por Dios. El temor de Jehová quiere decir que procuramos obedecerlo en todo y responderle con nuestra obediencia incondicional.

El libro de Proverbios dice muchas veces, en muchos proverbios y de muchas maneras que si tienes una mentalidad aferrada a Dios, experimentarás sus ricas y abundantes bendiciones. Tus amistades y tu familia recibirán el primer derramamiento de tu corazón y vida centrada en Dios. Como dice el versículo de este capítulo: «El temor del Señor es un baluarte seguro que sirve de refugio a los hijos» (NVI). Dios es tu refugio, es el refugio de tu familia y siempre lo será. Como dice otra traducción: «Los que temen al Señor están seguros; él será un refugio para sus hijos» (NTV).

Cuando temes a Jehová eres bendecida para ser una bendición a otros. Cualquiera que esté cerca de ti —comenzando por, y especialmente, tu familia— también será bendecido. A través de cualquier amenaza o tormenta —¡o tornado!— o sufrimiento o tristeza, tú tienes una fuerza poderosa que puedes dar a otros. Da, a diario y libremente, ese regalo de fortaleza.

Hoy, deja a un lado tu «yo», acércate a otras personas y bendícelas. Comparte con ellas el conocimiento de la bendición de amor y redención de Dios por medio de Jesucristo. Ora pidiendo que tus seres amados y las otras personas con las que hablas del evangelio lleguen a amar y a temer al Señor; que sientan una confianza firme y que encuentren refugio en Dios, quien es nuestro pronto auxilio en tiempo de necesidad.

> *Dios es nuestro amparo y fortaleza,*
> *nuestro pronto auxilio en las tribulaciones.*
> (Sal. 46:1).

15

Disfruta de los beneficios de la sabiduría: Decisiones

La respuesta amable calma el enojo, pero la agresiva echa leña al fuego. La lengua de los sabios destila conocimiento; la boca de los necios escupe necedades.

Proverbios 15:1-2 (NVI)

Oración

¡Oh, Dios de toda sabiduría!, como sé que has hecho bien todas las cosas y que tu obra en mi favor es perfecta, ayúdame a enfrentar este nuevo día, buscando tu perfecta voluntad para cada decisión que tome y para cada elección que haga. Permite que mi deleite hoy sea hacer tu voluntad, mi Roca y mi salvación. Amén.

Antes de que la creación de perfiles fuera una ciencia para evaluar las costumbres, los principios, las creencias y los puntos de vista de una persona, el libro de Proverbios ya contenía listas y etiquetas para ciertos tipos de personas o personalidades. Hasta ahora has visto los perfiles del necio y del sabio. Has identificado las marcas de los que son perversos y de los justos. Has visto lo que Dios tiene que decir sobre los que son perezosos y los que son diligentes. Y has notado el contraste entre los mentirosos y los que valoran la verdad.

Todo el mundo —tú y yo incluidas— tiene un perfil único. Es mi deseo que, al adentrarnos en Proverbios 15, seas bendecida y retada por el perfil de los rasgos de personalidad que son parte del carácter de una mujer sabia que decide sabiamente.

La vida está llena de decisiones

Este capítulo 15 de Proverbios me entusiasma muchísimo porque es muy valioso para las mujeres que anhelan ser sabias y vivir de una manera que glorifique a Dios. Como en los otros proverbios «de contraste» (Pr. 10–14), no puedes evitar darte cuenta de los marcados contrastes entre la conducta de una mujer o persona sabia y la mujer o persona necia.

Mientras examinamos el estudio de la sabiduría y la ignorancia, te presento algunas curiosidades. Tuve serias dudas si debía o no escribir sobre los necios y la necedad porque definitivamente he estado antes en esos zapatos. En cierto modo, esto será como mirarme en el espejo, y quizás sea lo mismo para la mayoría de las mujeres. Aunque tal vez sea doloroso, ¡aunemos fuerzas y hagámoslo juntas! Es mi oración que, cuando terminemos, estemos mejor preparadas para actuar sabiamente en la próxima oportunidad que se nos presente, ¡que es casi seguro que será más pronto de lo que esperamos!

Para tu información, en el libro de Proverbios encontramos la palabra «sabio(s)» en 55 ocasiones, mientras que encontramos «necio(s)» 62 veces. «Necedad» aparece en 13 ocasiones y «sabiduría» en 62. En muchos de estos proverbios se contrasta al sabio con el necio. No pude evitar ver estos contrastes mientras leía Proverbios 15 en mi plan de lectura mensual. Este capítulo y algunos proverbios del capítulo 14 nos revelarán más sobre las decisiones sabias y las necias. Ten presente cómo es tu perfil personal hoy día, y descubramos maneras de mejorarlo para que sea más como el perfil *divino* de una mujer sabia.

Las palabras de la mujer sabia tienen resultados positivos: «La respuesta amable calma el enojo, pero la agresiva echa leña al fuego. La lengua de los sabios destila conocimiento; la boca de los necios escupe necedades» (Pr. 15:1-2, NVI). Estos dos proverbios nos dan un consejo excelente.

Primero nos dice que, si elegimos el dominio propio y una manera amable, podemos convertir a un adversario en un defensor (v. 1). Cuando alguien está enojado, furioso o quiere argumentar, esa es nuestra señal para usar o responder con palabras que sean lo opuesto. Esto nos indica que debemos seleccionar cuidadosamente palabras que sean suaves, tiernas, moderadas y que tranquilicen.

Como el agua sobre un fuego, las palabras que dices tranquila y pausadamente pueden serenar y calmar el alma de alguien. Pueden mitigar las emociones descontroladas de otra persona. Me lo imagino como a un bebé inquieto e intranquilo, que está llorando, pataleando y gritando... ¡con tremenda rabieta! Y llega mamá, y lo arrulla, le habla en susurros, lo envuelve en una sabanita, y lo mima hasta que se tranquiliza.

Imagínate el ministerio que tiene una «respuesta amable» en una escena desagradable; ante el rostro de la ira. Domina con maestría la gracia de la respuesta amable cuando tengas que lidiar con las emociones de otras personas, y comienza en tu hogar. Como dice otra traducción bíblica: «La respuesta apacible desvía el enojo» (NTV).

Nuestro proverbio también nos muestra que las respuestas y los resultados negativos también son una posibilidad. Si, en lugar de responder de una forma suave y amable, respondes con una palabra dura, enojada y mordaz, puedes ganarte un enemigo.

El versículo 18 nos da un consejo similar: «El hombre iracundo promueve contiendas; mas el que tarda en airarse apacigua la rencilla». La decisión —y casi siempre el resultado— depende de ti. ¿Hablarás y actuarás como una mujer temperamental o como una pacificadora? La primera se convierte en un centro de tormentas, mientras que la pacificadora «lleva consigo una atmósfera donde las peleas mueren por causas naturales».[1]

La mujer sabia edifica: «La mujer sabia edifica su casa; mas la necia con sus manos la derriba» (Pr. 14:1). En este capítulo nos estamos enfocando en los beneficios de la sabiduría, y aquí nos encontramos con otra decisión que tú y yo tenemos que tomar. La decisión es básicamente: ¿quiero edificar o destruir mi hogar?

Este versículo no nos habla sobre la construcción literal de una casa, sino de la edificación de un hogar. Nos dice que una mujer sabia invierte el tiempo necesario para crear un lugar feliz y agradable para vivir ella y su familia, y para el disfrute de otros. La imagen por excelencia de los esfuerzos de esta mujer sabia que «edifica su casa» se encuentra en Proverbios 31:10-31.

Sin embargo, la mujer necia destruye «con sus manos» lo que sea que tenga como vida de hogar. Lamentablemente, nuestras palabras, nuestra negligencia, vagancia, ira y la falta de dominio propio pueden —día a día y poco a poco— derribar y destruir un hogar y una familia. Haz de este proverbio tu meta como ama de casa: «Está atenta a todo lo que ocurre en su hogar» (Pr. 31:27, NTV).

Las palabras de la mujer sabia no son hostiles: «En la boca del necio está la vara de la soberbia; mas los labios de los sabios los guardarán» (Pr. 14:3). Este proverbio podría traducirse:

---

1. Derek Kidner, *The Proverbs* (Downers Grove, IL: InterVarsity Press, 1973), p. 115.

«Las palabras pueden ser pan para hoy y hambre para mañana». ¿Cuántas veces has dicho algo, y al segundo de haberlo dicho, sabes que regresará para atormentarte? Y, efectivamente, ¡esas palabras te metieron en un mundo de problemas y tristeza! No obstante, la mujer sabia que guarda su corazón y sus labios se esfuerza por no decir cosas que más tarde puedan volverse en su contra. ¿Cuál es la solución? No digas nada que no te gustaría que Dios escuchara ni digas nada que podría lastimar a otra persona.

La mujer sabia selecciona bien su compañía: «Vete de delante del hombre necio, porque en él no hallarás labios de ciencia» (Pr. 14:7). Probablemente has escuchado el refrán: «Dime con quién andas y te diré quién eres». El escritor de este proverbio nos dice que si decidimos compartir y pasar nuestro tiempo con gente necia, nuestro comportamiento comenzará a reflejar su necedad. Pronto llegarás a ser tan necia como ellos y terminarás haciendo necedades… o sea, ¡te conviertes en necia! ¿La solución? ¡Mantente a distancia de los necios! No te relaciones con ellos. ¡Aléjate de ellos lo más pronto posible! Como grita este proverbio: «*Vete* de delante del hombre necio».

La mujer sabia es prudente: «La sabiduría del prudente es discernir sus caminos, pero al necio lo engaña su propia necedad» (Pr. 14:8, nvi). La palabra «prudente» describe a esta mujer sensible que sabe lo que tiene que hacer y sabe cómo comportarse. Ella sopesa sus acciones. Piensa antes de actuar. Ella «teme y se aparta del mal» (v. 16). No obstante, la mujer necia no piensa primero porque está convencida de que ya lo sabe todo. No averigua lo que Dios tiene que decir sobre su situación ni busca el consejo de otros. Como una mujer que tiene que enfrentar situaciones y decisiones difíciles todos los días, necesitas depender de la sabiduría que Dios te da para descubrir cuál es la mejor manera de proceder en cada circunstancia y con cada encuentro.

La mujer sabia no es jactanciosa: «En el corazón del prudente reposa la sabiduría; pero no es conocida en medio de los necios» (Pr.14:33). La mujer sabia no hace alarde de su conocimiento. ¡No tiene que hacerlo! Ella está segura en su relación con Dios y confiada en lo que conoce de su Palabra y en cómo Él quiere que ella viva. La sabiduría descansa tranquilamente en su corazón y en su alma y no necesita jactarse de lo que sabe frente a los demás. Por el contrario, a la mujer necia le encanta alardear frente a otros lo poco que sabe. Es precisamente el alarde lo que la delata como necia. Como lo expresa otro proverbio: «Hasta un necio pasa por sabio si guarda silencio; se le considera prudente si cierra la boca» (Pr. 17:28, nvi). Mantengo este versículo en el espejo de mi baño para recordarme que tengo que pensar antes de hablar. ¡Es cierto! Es mejor que piensen que soy tonta, que abrir la boca y comprobarlo.

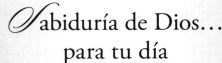

Sabiduría de Dios… para tu día

Esto de estudiar la importancia de las decisiones ha estado repleto de información… ¡y retos! Como dice Proverbios 14:8, una mujer prudente busca «entender su camino». Entonces, ¡hagámoslo ahora!

¿Cuál es el modelo de tu vida? ¿Cómo es tu perfil? ¿Tu vida, tus acciones y tus decisiones te caracterizan como una mujer sabia? Si no es así, entonces te toca hacer algunas tareas gratificantes. ¡Ese es realmente el mejor tipo de trabajo! Debes someterte al poder transformador del Espíritu Santo. Debes empeñarte en orar y tratar de vivir a la manera de Dios. Debes hacer el esfuerzo de tomar decisiones que sean buenas, mejores y óptimas… ¡decisiones que agraden a Dios!

Las recompensas de llegar a ser una mujer sabia son abundantes y espectaculares. Proverbios 4:9 (NVI) nos dice que la sabiduría «te pondrá en la cabeza una hermosa diadema; te obsequiará una bella corona». Luego, en Proverbios 14:18, 24, leemos que las «prudentes se coronarán de sabiduría» y «las riquezas de los sabios son su corona».

La recompensa de tomar la decisión de ir en pos de la sabiduría es una «corona de conocimiento» y una «corona de riquezas». Ya sea que se refiera a riquezas literales o a la vida hermosa y disciplinada que disfrutas por vivir sabiamente, el mensaje de Dios es claro: las decisiones cotidianas que tomas hoy definen el resultado de tus días.

16

Confía en que tu Padre celestial sabe siempre qué es lo mejor: Dirección

El corazón del hombre traza su rumbo,
pero sus pasos los dirige el Señor.

PROVERBIOS 16:9 (NVI)

Oración

¡Oh, Padre soberano y guía para quienes en ti confiamos!,
el camino es confuso y el futuro es incierto, pero tu Palabra
es lámpara a mis pies y guía para mi camino. Permite que
la luz de tu gracia resplandezca sobre este nuevo día; que es
tu regalo del cielo. Permite que tu Espíritu Santo me dirija
a toda verdad. Como solo tú conoces lo que es mejor para
mí, te pido de todo corazón que me ayudes hoy a recordar
las palabras de tu Hijo: «pero no se haga mi voluntad, sino
la tuya». Amén.

Además de tratar de leer mi Biblia completa todos los años, también he intentado estudiar libros específicos de la Biblia con la ayuda de comentarios bíblicos. Siempre me han gustado los Salmos y me deleito en profundizar en ellos para un estudio más detallado. Como dije en la introducción de este libro, todavía recuerdo cuando escuché que si quería saber más sobre mi relación con Dios debía leer el libro de los Salmos, y si quería conocer más sobre mi relación con mi prójimo, debía leer el libro de Proverbios.

Después de sumergirme en el estudio de Proverbios, tengo que corregir mi pensamiento inicial. El cambio comenzó cuando leí: «El principio de la sabiduría es el temor de Jehová» (Pr. 1:7). Entonces fue cuando me di cuenta de que Proverbios es un libro que tiene tanto que ver con la teología de Dios como con la interacción personal con nuestro prójimo. Proverbios hace referencia a «Jehová» casi 90 veces, y también menciona en múltiples ocasiones «el temor de Jehová».

Y ahora, en este capítulo 16, ¡descubrirás que Dios está muy interesado en ti! Proverbios 16 está repleto de consejos. Dios desea involucrarse en cada aspecto de tu vida. Y, ¡alabado sea su nombre glorioso!, Él —el Padre de sabiduría, tu Padre celestial— sabe qué es mejor para ti.

Qué hace tu Padre celestial por ti

Dios tiene siempre la última palabra: «Del hombre son las disposiciones del corazón; mas de Jehová es la respuesta de la lengua» (Pr. 16:1). Podrías expresar así este principio: «Tú propones y Dios dispone». Balaam es el ejemplo perfecto de un hombre que trata de hacer las cosas a su manera. Un rey del lugar le había ordenado a Balaam que maldijera al pueblo de Dios. Cuando abrió la boca para pronunciar las maldiciones, no una, sino dos veces, ¡las palabras que salieron de su boca fueron bendiciones (Nm. 23:7-10,18-24)! Dios revocó la instrucción del rey. He aquí otro ejemplo del consejo y la dirección de Dios: los discípulos de Jesús estaban preocupados sobre qué debían decir si los arrestaban por su fe. Jesús los alentó y les aseguró: «no se preocupen por lo que van a decir o cómo van a decirlo. En ese momento se les dará lo que han de decir» (Mt. 10:19, NVI). Dios les daría las palabras apropiadas en el momento adecuado. El Salmo 37:5 dice que tu trabajo es: «Encomienda a Jehová tu camino, y confía en él». ¿Y el trabajo de Dios? «...y él hará». ¡Qué seguridad!

También Proverbios 10:24 dice: «a los justos les será dado lo que desean». Dios quiere que establezcas metas con el objetivo de ser mejor cristiana y una mujer piadosa. Él desea que uses parte de tu tiempo ayudando a otros y que seas una mayordoma fiel de tu dinero. Entonces, haz tus planes. Escribe tus sueños en un papel. Actúa... ¡y confía en Él! Cuando el deseo de tu corazón es hacer su voluntad, Él dirigirá, guiará, prevalecerá y reorientará para hacer que se cumpla su voluntad. ¡Qué alivio!

Dios conoce las intenciones de tu corazón: «La gente puede considerarse pura según su propia opinión, pero el Señor examina sus intenciones» (Pr. 16:2, ntv). ¿Has leído Jeremías 17:9? Su mensaje se parece: «Engañoso es el corazón más que todas las cosas, y perverso; ¿quién lo conocerá?». Aun el delincuente más violento justifica su pecado. Y, lamentablemente, nosotras también podemos pensar que lo que decimos o hacemos es correcto... que es «puro». Sin embargo, cuando lo medimos contra los parámetros de Dios, nos damos cuenta del error en nuestros caminos. No engañamos a Dios con nuestras acciones. Él mira nuestros corazones, y juzga. Cuando tus intenciones son puras y correctas, es muy probable que hagas lo correcto porque las intenciones puras producen acciones correctas.

Dios honra las obras que le honran: «Encomienda a Jehová tus obras, y tus pensamientos serán afirmados» (Pr. 16:3). La mejor manera de asegurarte de que tus sueños y metas se harán realidad es dedicando o «encomendando» tus obras al Señor desde el principio; es decir, desear solamente lo que Él desea. Ora y busca la aprobación divina todos los días y en cada paso. Como instruye nuestro proverbio: «Encomienda a Jehová tus obras».

Si lo que intentas hacer es obra de Dios, con toda confianza puedes entregarle al Señor la carga de tu trabajo. Encomiéndale tus obras. Si bien puedes sentirte ansiosa en algunos momentos, ¡tus cargas nunca son demasiado pesadas para Él!

Dios tiene un propósito para todo: «Toda obra del Señor tiene un propósito; ¡hasta el malvado fue hecho para el día del desastre!» (Pr. 16:4, NVI). ¿Has escuchado la canción «Todo tiene su tiempo»? Esa canción y Proverbios 16:4 se parecen a Eclesiastés 3:1, que nos dice: «Todo tiene su tiempo, y todo lo que se quiere debajo del cielo tiene su hora». Podemos cantar alegremente ese coro y alabar a Dios porque todo está bien, sin importar cómo se vea o se sienta. Dios tiene un propósito para todo… «¡hasta el malvado fue hecho para el día del desastre!».

Cada nuevo día debería traerte una gran emoción… ¡Dios tiene un propósito para ti! Agradécele con todo tu corazón… y luego ora para que cada una de tus acciones y actitudes lo glorifiquen.

Dios tiene un plan para tu vida: «El corazón del hombre traza su rumbo, pero sus pasos los dirige el Señor» (Pr. 16:9, NVI). Simplemente no puedes pasar por alto la idea de este proverbio: El hombre hace sus planes, pero…

> «sus pasos los dirige el Señor» (16:9, NVI),
> «de Jehová es la respuesta de la lengua» (16:1), y
> «de Jehová es la decisión» (16:33).

Quizás has hecho muchísimos esfuerzos para planificar tu vida y establecer metas para tu carrera. Y esperemos que hayas orado y buscado la dirección de Dios. Sin embargo, si eres una de las hijas de Dios, Él está dirigiendo tus pasos, seas o no consciente de su dirección.

Quizás hayas tenido una «experiencia Ester». Esta joven judía en el Antiguo Testamento, tenía sus planes y sueños personales, pero Dios tenía otros… y los planes divinos la llevaron a convertirse en la reina del Imperio persa, y la colocaron en una posición ventajosa para ayudar a salvar a la raza judía, el pueblo de Dios.

Confíale a Dios tu vida y los planes para tu vida. Él siempre sabe qué es lo mejor. No te aferres a nada. ¿Por qué? Dios puede tener otros planes —¡sus planes!— para tu futuro.

Dios está buscando honestidad: «Las pesas y las balanzas justas son del Señor; todas las medidas son hechura suya» (Pr. 16:11, nvi). Las pesas y las balanzas siguen siendo parte de los negocios y el comercio. En tiempos pasados, los dueños de almacenes ajustaban sus sacos de pesas para tener ganancias adicionales. Este proverbio trata de la honestidad. Hay muchísimas formas de ser deshonestos. Aun con todas nuestras leyes, el Gobierno no puede evitar que la gente haga trampas. Pero Dios quiere que tú y yo nos sometamos a su norma superior en todas las áreas y en todos los niveles, ¡aun cuando vamos al supermercado!

Dios recompensa a quienes le buscan: «El entendido en la palabra hallará el bien, y el que confía en Jehová es bienaventurado» (Pr. 16:20). Prestar atención a «la palabra» significa confiar en Dios y en su Palabra, sus Escrituras, para que guíen y dirijan tu vida de modo que «halles el bien» y seas «bienaventurada». No puedo evitar recordar las palabras de Jesús: «Bienaventurados los que tienen hambre y sed de justicia, porque ellos serán saciados» (Mt. 5:6). El mensaje de Proverbios 16:20 es: lee tu Biblia, obedécela y confía en Aquel que la escribió. ¡No hay manera de que te equivoques con esta fórmula ganadora para vivir una vida victoriosa!

Dios escucha tus oraciones: «Jehová está lejos de los impíos; pero él oye la oración de los justos» (Pr. 15:29). Alguien ha estimado que en la Biblia hay tres mil promesas, pero quizás ninguna sea tan alentadora o emocionante como la promesa de que Dios escucha tus oraciones. El Señor está lejos de los impíos en el sentido de que no tiene comunión con ellos, y de que ellos no están en contacto con Él por medio de la oración. Pero, como creyente, la oración te da acceso a una audiencia instantánea, a cualquier hora y en cualquier día, con el Dios soberano del universo… ¡justo delante de su trono en los cielos! Y he aquí otra verdad y una promesa: «Y sabemos que Dios no oye a los pecadores; pero si alguno es temeroso de Dios, y hace su voluntad, a ése oye» (Jn. 9:31). Si tu Padre celestial sabe qué es lo mejor, y tienes acceso gratuito a Él, asegúrate de que la oración sea un elemento importante de tu día. Y esta es otra promesa y verdad que debes recordar mientras oras:

Acerquémonos, pues, confiadamente al trono de la gracia, para alcanzar misericordia y hallar gracia para el oportuno socorro (He. 4:16).

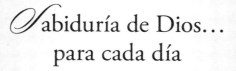

*S*abiduría de Dios...
para cada día

¿Te molesta que Dios sea soberano? ¿Que tenga el control del universo y esté activamente involucrado en las vidas de sus hijos e hijas, incluyéndote a ti? Si es así, piensa en esto: ¿cómo les demuestras a tus seres amados que te preocupas por ellos? Lo haces involucrándote en sus vidas, ¿cierto? Aun cuando ellos no quieran que te involucres, haces lo que esté a tu alcance para estar presente para aquellos que amas.

Dios no es distinto. De hecho, su preocupación por ti nunca disminuye ni cesa. Como tu Padre celestial sabe qué es lo mejor para ti, Él guía y dirige tu vida. Nadie es mejor que Él para darte esa sabiduría y dirección. Hoy y todos los días, adopta la costumbre de dar gracias a Dios y reconocer su amor por ti, su presencia en tu vida y su dirección. Encomiéndale tu día y tus planes, y confía en que Él te guiará a su perfecta voluntad.

> *Fíate de Jehová de todo tu corazón,*
> *y no te apoyes en tu propia prudencia.*
> *Reconócelo en todos tus caminos,*
> *y él enderezará tus veredas.*
> (Pr. 3:5-6)

17

Sé una buena amiga: Amistad

*En todo tiempo ama el amigo, y es como
un hermano en tiempo de angustia.*

PROVERBIOS 17:17

Oración

*Dios que estás en los cielos, igual que en el pasado hablaste
cara a cara con tu amigo Moisés, y que tu Hijo vino a la
tierra para ser amigo de los pecadores, permíteme ser una
amiga fiel para otros. El deseo de mi corazón es seguir
tus pasos y ser una amiga que cubra faltas, que sea leal
en tiempos de adversidad, que busque amar incondicio-
nalmente y en quien se pueda confiar sin duda alguna.
Ayúdame a ser sincera con mis amigas cuando necesite hablar con ellas, y a recordar que debo orar por su salud y
crecimiento espiritual. Amén.*

¿Qué haríamos sin nuestras amigas? Desde el momento
que comenzamos en la educación preescolar, y luego
en la escuela y por el resto de nuestras vidas, todas las mujeres
buscamos y necesitamos amigas. Dios nos creó como seres
sociales porque nos hizo a su imagen (Gn. 1:26). Esto significa
que nos parecemos a Dios en muchas cosas, y una de ellas es
que, como Dios, somos seres sociales.

Ante todo, fuimos creadas para tener comunión con Dios. Por supuesto, Dios no nos necesita como amigas, pero Él escogió ser nuestro amigo y tener un relación con nosotras a través de su Hijo, Jesucristo (Jn. 15:14-15). Pero Dios también nos creó para relacionarnos con nuestro prójimo. Aquí es que el libro de Proverbios acude en nuestro auxilio porque es una guía sobre cómo tener, desarrollar y mantener nuestras relaciones con las personas que nos rodean.

La prueba de una buena amiga

Proverbios 17 es uno de mis favoritos porque nos explica el significado de ser una amiga. Esto es clave porque, para tener amigas, necesitas ser amiga. Y vayamos aún más lejos y digamos: para tener el tipo adecuado de amigas, necesitas ser el tipo adecuado de amiga. He aquí algunos atributos esenciales de ser una buena amiga. Estos atributos son prueba y evidencia de que eres una amiga verdadera.

Una buena amiga es olvidadiza: «El que cubre la falta busca amistad; mas el que la divulga, aparta al amigo» (Pr. 17:9). Pasar por alto u olvidar una ofensa sirve de mucho para conservar una amistad. Me encanta esta escena entre Jesús y Pedro, en la que Pedro pregunta: «Señor, ¿cuántas veces perdonaré a mi hermano que peque contra mí? ¿Hasta siete? Jesús le dijo: No te digo hasta siete, sino aun hasta setenta veces siete» (Mt. 18:21-22).

Así es como funciona este proverbio:

> Una mujer le dice a otra: «¿No te acuerdas de las cosas terribles que ella te dijo?».

> La otra mujer responde: «No solo no me acuerdo; ¡recuerdo perfectamente que lo olvidé!».

Cuando la Biblia dice: «Cuanto está lejos el oriente del occidente, hizo alejar de nosotros nuestras rebeliones» (Sal. 103:12), significa que Dios ha perdonado nuestro pecado y no lo recordará nunca más. Él perdona… y olvida, y nosotras tenemos que seguir su ejemplo de perdón… y de olvido. Estos personajes bíblicos nos enseñan la belleza del perdón:

~ José perdonó a sus hermanos —que lo vendieron como esclavo en un país extranjero— y así su familia pudo reunirse, vivir unida y en paz, y pudo multiplicarse y convertirse en una nación poderosa.

~ Pablo perdonó a Juan Marcos —quien se separó de Pablo y abandonó su equipo misionero— y así más tarde pudieron servir juntos al Señor.

~ Sara debió haber perdonado a Abraham —quien puso en riesgo la vida de ella cuando mintió y dijo que era solo su hermana— y así el matrimonio pudo seguir adelante.

En estas tres situaciones se había cometido una gran injusticia, y personas fieles sufrieron y fueron puestas en peligro. Una vez se ofreció perdón, algo positivo se consiguió en cada caso.

Una buena amiga es leal: «En todo tiempo ama el amigo, y es como un hermano en tiempo de angustia» (Pr. 17:17). Este proverbio nos dice que podemos contar con una buena amiga como si fuera familia, en los momentos buenos… y en los malos. De hecho, según Proverbios 18:24, un amigo leal está realmente «más unido que un hermano». Es posible que la familia se una cuando haya alguna crisis, pero los amigos están realmente más cerca porque juegan un papel cotidiano y estrecho en la vida del amigo. Su amor es constante. En otras palabras, cuando perseveras y te mantienes junto a una amiga en momentos de adversidad, demuestras que no eres una amiga «para cuando todo marcha bien». Como una buena amiga que es leal, estás ahí cuando una amiga te necesita. Sin duda, la amistad toma tiempo —¡y mucho!— y las necesidades de una amiga casi nunca llegan en el momento oportuno. Pero una buena amiga es leal, sincera y firme como una roca —especialmente durante la adversidad— y se mantiene presente, orando, protegiendo, ayudando, llamando, llorando y proveyendo fielmente lo que sea necesario.

Los lectores originales de este proverbio no conocían a Jesús ni sus enseñanzas, pero nosotras sí sabemos lo fiel que es nuestro amigo Jesús. Él lo asegura con estas palabras: «Yo les doy vida eterna, y nunca perecerán, ni nadie podrá arrebatármelas de la mano» (Jn. 10:28, NVI). ¡Eso sí que es una verdadera amistad! Fíjate en la palabra «nunca». Y nota que aparece otra vez en esta segunda promesa de Jesús: «Nunca te dejaré; jamás te abandonaré» (He. 13:5, NVI). Y este es un «siempre» que siempre debes memorizar, recordar y guardar en tu corazón: «estaré con ustedes siempre, hasta el fin del mundo» (Mt. 28:20, NVI).

Una buena amiga no es superficial: «Hay amigos que llevan a la ruina, y hay amigos más fieles que un hermano» (Pr. 18:24, NVI). Otra versión de la Biblia dice: «Con ciertos amigos, no hacen falta enemigos, pero hay otros amigos que valen más que un hermano» (TLA). Escoger nuestras amistades indiscriminadamente y por distintos motivos, puede traernos problemas. ¿Quién no ha querido ser parte de un corrillo, o miembro de un club o ser vista con la gente popular? (Si esto te suena a escuela secundaria o preparatoria, ¡es porque eso es lo recuerdo de esa etapa de mi vida!). Casi nunca estos deseos «superficiales» producen resultados positivos o amistades de verdad y para toda la vida.

Sin embargo, cuando cultivas amistades genuinas con gente genuina, permanecen a tu lado contra viento y marea, y lo mismo haces tú por ellas. Hoy día esto es cada vez más raro debido a una cultura que se centra en las redes sociales. Tal vez has pasado años reuniendo 500 amistades o seguidores en alguna red social. Pero ¿qué pasa cuando estás enferma y necesitas una comida, o cuando te estás arrastrando de día en día debido a una tragedia o una pérdida, cuando la vida se torna seria? ¿Cuáles de esas «amistades» podría o acudiría en tu ayuda? Un mejor —mucho mejor— uso de tu valioso tiempo es invertirlo en desarrollar unas pocas «amigas verdaderas» que no sean dudosas ni superficiales, sino que sean como una hermana fiel.

Y por supuesto, con esas amigas buenas, cercanas e íntimas compartes muchos momentos alegres y divertidos, celebraciones, café, almuerzos y reuniones. Las verdaderas amigas nunca son superficiales la una con la otra. Oran juntas y unas por otras. Comparten verdades espirituales y alientan el crecimiento espiritual mutuo. Hablan del Señor y de lo que están aprendiendo.

Las verdaderas amigas vienen a tu lado cuando estás triste, desanimada o sufriendo. Recibes lo que necesitas. ¿Necesitas una hermana en Cristo que ore contigo? ¿Necesitas que te lleven al médico porque estás demasiado enferma para manejar? ¿Necesitas una comida porque no puedes prepararla por ti misma? ¿Necesitas un consejo sobre un problema personal? ¿Sobre un asunto familiar? ¿Sobre una decisión importante que tienes que tomar? No importa lo que necesites, tu amiga verdadera acudirá en tu ayuda… y tú harías lo mismo por ella. Es casi como si una verdadera amiga estuviera siempre a la espera, siempre disponible para cuando tengas una necesidad real.

Una buena amiga es de toda confianza: «El hombre perverso levanta contienda, y el chismoso aparta a los mejores amigos» (Pr. 16:28). La palabra «chismoso», que puede traducirse como «cuentista o novelero», aparece en otras tres ocasiones en

Proverbios (ver Pr. 18:8; 26:20, 22). Lo opuesto a una cuentista perversa y calumniadora es una amiga real y verdadera, alguien a quien puedes contarle cualquier cosa y sabes que no le va a decir nada a nadie. El chisme separa a las mejores amigas y abre una brecha entre otras amistades cercanas.

Proverbios tiene mucho que decir sobre el chisme, la calumnia y la lengua perversa. La manera más fácil de no ser una «buena» amiga es difundir información o detalles íntimos sobre tu amiga o sobre otra persona. Una buena amiga cubre a sus amigas con un manto de amor y protege sus confidencias a toda costa. Hemos estado estudiando lo que es una amistad real o genuina. Para encontrar y ser ese tipo de amiga, sé cuidadosa al seleccionar tus amigas. Recuerda siempre este refrán: «El que *te cuenta* chismes, chismeará a otros *acerca de ti*».[1]

Una buena amiga es una consejera: «El ungüento y el perfume alegran el corazón, y el cordial consejo del amigo, al hombre» (Pr. 27:9). Este proverbio describe a las buenas amigas en el papel de animarse unas a otras. Asombrosamente, el proverbio dice que tu dulce consejo debe animar y alegrar al oyente ¡igual que tomar un baño de espuma refresca el cuerpo!

Elisabet fue esta clase de amiga y consejera cuando María, su prima joven, soltera y embarazada, vino a visitarla (Lc. 1:39-56). Ellas conversaron, oraron y exaltaron juntas al Señor. Jonatán también fue este tipo de amigo cuando fortaleció a David en el Señor. Jonatán, cuyo padre quería matar a David, arriesgó su vida para encontrarse con David y «[animarlo] a que permaneciera firme en su fe en Dios». Jonatán le recordó a David las promesas de Dios y le afirmó «yo voy a estar a tu lado» (1 S. 23:16-17, NTV).

Además de ser una amiga que alienta a sus amigas, también

---

1. *Checklist for Life for Teens* (Nashville, TN: Thomas Nelson Publishers, 2002), p. 35.

tienes que apoyarlas, estabilizarlas y hacerlas mejores, como nos dice Proverbios 27:17 (NTV): «Como el hierro se afila con hierro, así un amigo se afila con su amigo». De la misma manera que el hierro se afila con hierro, el intercambio de ideas que tienes con tus buenas amigas debe afilar sus pensamientos. No eres una buena amiga si solo hablas sobre las condiciones del tiempo, la noticia más reciente o el último chisme de la farándula.

No, no debes ser la mujer que derriba a otras mujeres o que simplemente las arrastra de un lado a otro. Debes ser la amiga que anima y levanta a sus amigas… las levanta hacia Dios, en devoción, en carácter y en ministerio y servicio a los demás. La forma perfecta, más lógica —y poderosa— de comenzar tu ministerio de animar a tus amigas es compartiendo pasajes bíblicos con ellas. Así Dios será honrado, lo que compartes será verdad, y tú y tus amigas crecerán juntas en el Señor.

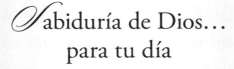 *S*abiduría de Dios… para tu día

No cabe duda de que ser una buena amiga, verdadera, sincera, amorosa y fiel es importante para Dios. Es una parte imprescindible de su plan para tu vida. Tú eres la responsable de iniciar esas amistades, y tener amigas adecuadas también comienza con tener las normas más altas para ti misma. Si amas a Dios profunda y apasionadamente, se manifestará en tu forma de vivir. Se notará. Será evidente. Otros lo verán y lo escucharán «porque de la abundancia del corazón habla la boca» (Lc. 6:45). Vive para Dios y, como un imán, Dios atraerá a tu vida personas piadosas que serán el tipo de amistades que puedes animar… y que también te animarán.

Estoy segura de que tus días son ajetreados, ocupados y desafiantes. Siempre tenemos la tentación de buscar *algo* que podemos dejar de hacer hoy para poder atender las tareas más importantes, como el hogar, la familia, el trabajo o las responsabilidades en la iglesia. Es fácil ignorar la categoría de ser amiga… solo por un día. Entonces, termina tu semana, ¡y has ignorado y descuidado a tus amigas durante toda una semana!

Cuando llegué a este extremo, decidí hacer algunos cambios sencillos. Empecé a orar todos los días por las que llamo mis «cinco amigas fieles». Todos los días también me comunicaba de alguna manera con alguna de ellas, aunque fuera dejándole un mensaje en su correo de voz. ¡Me tomaba solo unos minutos! Tal vez puedas hacer lo mismo con tus amigas, o piensa en otras formas en las que puedes ser una buena amiga a pesar de todas tus obligaciones personales. El apóstol Pablo oraba por sus amigos que estaban lejos en Filipos, y les escribía cartas. ¿Qué le ayudó a seguir adelante? ¿Qué le ayudó a seguir haciéndolo? ¿Por qué se esforzó para mantenerse en contacto? Pablo nos dice con sus propias palabras: «porque los llevo en el corazón» (Fil. 1:7, nvi).

Y ese es el lugar para tus amigas… en tu corazón.

18

Encuentra un tesoro: Una esposa conforme al corazón de Dios

El hombre que halla esposa encuentra un tesoro, y recibe el favor del Señor.

PROVERBIOS 18:22 (NTV)

Oración

Dios santo y glorioso, me acerco ante tu trono de gracia y misericordia, y reconozco y alabo tu perdón en Cristo, mi Salvador. Sé que cada día tengo la opción de honrar o deshonrar a mi esposo. Te ruego que me ayudes a tomar decisiones durante el día que honren y demuestren respeto por mi esposo. Ayúdame, querido Señor, a hacerle bien y no mal, hoy y todos los días de mi vida. Amén.

En la antigüedad, parte de la trascendencia de ser rey era tener varias esposas. Mientras más importante era el rey, ¡mayor el número de esposas! Salomón fue el rey más grande de su tiempo, y validó su poder con 700 esposas y 300 concubinas (1 R. 11:3).

Sin embargo, el israelita común y corriente casi nunca recurría a la poligamia. Proverbios —un libro de sabiduría antigua— demuestra claramente que la unión de un hombre y una mujer era la norma, y no la excepción. Proverbios también adopta la postura poco común en la antigüedad de que una esposa era más que un objeto y que su papel no era solo tener hijos. Proverbios reconoce a la esposa como la compañera de su esposo, como una alegría y una bendición: «Que tu esposa sea una fuente de bendición para ti. Alégrate con la esposa de tu juventud» (Pr. 5:18, ntv). La esposa también debe ser protegida de cualquier peligro físico, según esta advertencia: «No quedará impune ninguno que la tocare» (6:29).

Como sabemos que Dios tiene un concepto elevado sobre el matrimonio, ¿cómo deberíamos ver nuestro rol de esposa, tal como se ve a través de los ojos de los escritores de Proverbios? Continúa leyendo.

Una esposa es un regalo de Dios: «El hombre que halla esposa encuentra un tesoro, y recibe el favor del Señor» (Pr. 18:22, ntv). Dios reconoció la necesidad del hombre, y por eso creó a la mujer —una esposa— para Adán. Dios declaró: «No es bueno que el hombre esté solo; le haré ayuda idónea para él» (Gn. 2:18).

¿Te ves a ti misma como un regalo de parte de Dios para tu esposo, como «un tesoro» que bendice cada día la vida de tu esposo? Como cualquier regalo, eres especial, única, y fuiste dada a tu esposo para llevarle alegría y felicidad y, si Dios lo permite, para tener sus hijos y transferir su nombre a otra generación.

Una esposa prudente es un don divino: «La casa y las riquezas son herencia de los padres; mas de Jehová la mujer prudente» (Pr. 19:14). Un esposo puede heredar propiedades y dinero de sus padres, pero solo el Señor puede capacitarte para ser una esposa «prudente»; una esposa que es cuidadosa, modesta, sensible, comedida y agradable. En tu comportamiento cotidiano, así como a lo largo de todo tu matrimonio, se supone que seas «un tesoro» —una bendición divina— de parte de Dios para tu esposo.

Una esposa ejemplar es una corona: «La mujer ejemplar es corona de su esposo» (Pr. 12:4, NVI). La corona de un rey lo distingue de los plebeyos. De igual manera, una esposa virtuosa es una corona para su esposo, y lo distingue de otros que no son tan afortunados.

Para que seas una corona para tu esposo, conviértelo en tu prioridad principal. Colócalo en el lugar #1 en tu lista de actividades y en la lista de personas a las que admiras y respetas, y con las que deseas pasar tu tiempo. Hazle ver claramente que él puede contar con tu apoyo y motivación. En lo que respecta a su esposo y su matrimonio, una esposa virtuosa «le es fuente de bien, no de mal, todos los días de su vida» (31:12, NVI). Como dice el refrán: «Detrás de todo hombre exitoso hay una esposa que lo apoya». Ese es el mensaje de este proverbio. Te permite echar un vistazo a lo valiosa que puedes ser para tu esposo. Cuando tu esposo sabe que puede confiar en ti y contar con tu apoyo y motivación, los dos juntos pueden lograr resultados excelentes y un éxito duradero en distintas áreas y gestiones. Como por ejemplo: en la crianza de los hijos, en el servicio en la iglesia, en ser testigos para tus familiares y vecinos, y para crear y mantener un hogar donde se respire amor y donde se le dé la bienvenida a todo el mundo.

Lo contrario también es cierto: cuando una esposa está en desacuerdo con su esposo, o actúa de una forma que lo avergüenza, ella se convierte en algo así como un cáncer o una enfermedad física que deteriora el matrimonio y echa a perder el tejido familiar. Como dice Proverbios 12:4 (NVI), es «carcoma en los huesos». Con cada nuevo amanecer, tú y yo tenemos que tomar una decisión: ser una esposa que bendiga y que traiga honor y respeto a su esposo, o una cuyo comportamiento lo dañe a él, su reputación y hasta su salud.

Una esposa puede hacer de su hogar un cielo en la tierra o un verdadero infierno: «Una esposa que busca pleitos es tan molesta como una gotera continua» (Pr. 19:13, NTV). El pobre hombre del que nos habla este proverbio tiene una cadena perpetua con una esposa contenciosa y agobiante. Gracias a nuestro estudio de las esposas representadas en Proverbios, ahora sabemos que podemos ser una bendición y una corona para nuestros esposos. Pero, lamentablemente, podemos caer sin dificultad en el hábito de ser una esposa buscapleitos, fastidiosa, quejosa y ofensiva que molesta, argumenta, pelea e irrita a su esposo día tras día.

Un viejo proverbio árabe dice: «Tres cosas hacen intolerable una casa: las goteras de agua, una esposa fastidiosa y los insectos».[1] Y otro comentarista escribe: «La "gotera constante" de una mujer que no para de quejarse nos recuerda la tortura con agua en la China antigua».[2]

Para asegurarse de que entendamos el mensaje, Dios añade otros proverbios que son muy claros sobre la terrible mujer «que busca pleitos». Y tengo que advertirte algo: no es un cuadro bonito. Esta mujer no honra a Dios, ¡ni tampoco honra a su esposo, sin duda alguna! Es portadora de tormentos y de una gran miseria.

> *Es mejor vivir solo en un rincón de la azotea*
> *que en una casa preciosa con una esposa que busca*
>   *pleitos.*
> (Pr. 21:9, NTV)

---

1. Derek Kidner, T*he Proverbs: An Introduction and Commentary* (Downers Grove, IL: InterVarsity Press, 1973), p. 133.

2. Robert L. Alden, *Proverbs* (Grand Rapids, MI: Baker Book House, 1990), p. 145.

Es mejor vivir solo en el desierto
que con una esposa que se queja y busca pleitos.
(Pr. 21:19, NTV)

Mejor es estar en un rincón del terrado,
Que con mujer rencillosa en casa espaciosa.
(Pr. 25:24)

Una esposa que busca pleitos es tan molesta
como una gotera continua en un día de lluvia.
(Pr. 27:15, NTV)

La decisión es nuestra: podemos elegir deleitarnos en edificar a nuestro hombre, o podemos actuar como la versión adulta de una chica mala que deliberadamente derriba y agota a su compañero de vida.

La esposa virtuosa sí existe: «¿Quién podrá encontrar una esposa virtuosa y capaz?» (Pr. 31:10, NTV). Bueno, ¡tengo que decirte que esta esposa es real y sí existe! No soy de esas personas que seleccionan un libro y luego van al final para ver si quieren leerlo. Sin embargo, no puedo dejar de invitarte a que leas el final del libro de Proverbios para un anticipo y una mirada preliminar a la mujer, esposa y madre de Proverbios 31. Sí, esta esposa noble y admirable existe... y no tiene precio: «Porque su estima sobrepasa largamente a la de las piedras preciosas» (Pr. 31:10). Este versículo nos recuerda a Proverbios 8:11, que dice que «mejor es la sabiduría que las piedras preciosas; y todo cuanto se puede desear, no es de compararse con ella».

Dios afirma repetidamente que la sabiduría es el bien máximo. Su valor es inestimable. Es la clave para la vida y la santidad. Dios nos está diciendo a ti, a mí y a todas sus lectoras, que lo único que supera a la esposa virtuosa es la sabiduría.

Echemos un vistazo a algunos de los rasgos de carácter

positivos en una esposa virtuosa, tal como se describen en el capítulo 31:

~ Una «esposa excelente» es un regalo de Dios para llevar alegría y felicidad a su esposo.

~ Una «esposa prudente», cuyo comportamiento es piadoso, se cuida de no deshonrar ni causar vergüenza a su esposo.

~ La esposa «ejemplar» (NVI) que posee fortaleza de carácter es como una corona para su esposo.

~ La «esposa virtuosa» (NTV) es más valiosa que las joyas.

Según Proverbios 31:10-31, esta mujer excelente, prudente, ejemplar, virtuosa y dedicada a su familia es también una administradora y negociante capaz, le gustan las manualidades, es altruista y dirige. Su hogar es el centro de sus actividades, sin embargo, su círculo de influencia es muy amplio. Su esposo, sus hijos y todas las personas que la conocen valoran su carácter y sus logros. Esta mujer es el modelo de Dios para ti y para mí como mujeres, esposas y madres. Pídele a Dios que obre en tu vida para que llegues a ser una mujer de carácter noble; una corona y una bendición para tu esposo y tus hijos.

$\mathscr{S}$abiduría de Dios... para tu día

Proverbios nos presenta las cualidades buenas, malas y feas que pueden describir a una esposa. Sin embargo, Dios nos da el poder para ser un verdadero regalo de Dios, para traer bien y hacer bien en nuestro matrimonio, para crear un hogar que sea un pequeño cielo en la tierra. Pero también tenemos el poder, por medio del pecado, para arruinar nuestro matrimonio, para convertir nuestro matrimonio y nuestro hogar en un infierno tortuoso, y traer la ruina a nuestro esposo. Y la verdad más seria y atemorizante es que es nuestra la elección sobre qué tipo de esposa queremos ser... y seremos.

Como hija de Dios, el Espíritu Santo que mora en ti te guiará a toda verdad. Él producirá su fruto en ti conforme caminas en obediencia a Él. De manera muy sutil puedes comenzar a fastidiar, incomodar, quejarte, discutir y criticar hasta que, con el tiempo, realmente te conviertes en una esposa «que busca pleitos». O, puedes aspirar diariamente a ser la esposa excelente, prudente, ejemplar y virtuosa que Dios describe y exalta en Proverbios.

Hoy, cuando ores y prestes atención a tu forma de ser como esposa, y a tu esposo como alguien preciado a quien Dios te pide que «ames» (Tit. 2:4), decide ser el tipo de esposa que Dios describe. Elige poner primero a tu esposo. Escoge bendecirlo, cuidarlo, alentarlo y ayudarlo; en fin, decide amarlo con todo tu corazón. Abre tu alma, y ora por él y su día. Abre tu corazón y ámalo con el amor de Cristo. Abre tus ojos y míralo como el regalo perfecto de

Dios para ti. Abre tu boca y elógialo por sus fortalezas y por su diligencia. Abre tus manos y bríndale cuidados y suple sus necesidades. Abre tus brazos y acógelo como tu compañero de equipo y líder, como tu mejor amigo, como tu compañero para toda la vida.

Haz de tu matrimonio un tesoro.

19

Conquista a tu peor enemigo: Ira

*El de grande ira llevará la pena; y si usa
de violencias, añadirá nuevos males.*

PROVERBIOS 19:19

Oración

*Señor y Dios de toda paz, me postro ante ti que enviaste a
tu Hijo, el Príncipe de paz, para ser el ejemplo y el modelo
perfecto de paz y paciencia. Te doy gracias y te alabo por
darme instrucciones claras para deshacerme de la ira, e
instrucciones útiles para hacerlo y así dominar el coraje y
la ira. Mientras medito en mi día y todo su ajetreo, deseo
caminar hoy en tus caminos, obedecer tu Palabra y ser la
persona de la que hablas que domina la ira y cuyo corazón
sereno calma a otros. Amén.[1]*

Una de las maneras en que sabemos que la Biblia fue escrita
por Dios es su honestidad absoluta en la descripción de
sus personajes. Hablemos de Caín, por ejemplo. Caín fue el
primer bebé que nació en la tierra y sus padres fueron Adán
y Eva. Esto lo hacía extremadamente especial e importante
porque él era el futuro de la humanidad. Sin embargo, muy

---

1. Ver Colosenses 3:8.

pronto reconocemos cuál era el gran defecto de Caín: tenía problemas para manejar la ira, y esto se hizo evidente cuando Dios rechazó su ofrenda.

La Biblia no dice por qué Dios rechazó la ofrenda de Caín, pero sí registra la reacción de este: «se ensañó Caín en gran manera, y decayó su semblante». Entonces, Dios amonestó a Caín y le pidió que controlara su coraje; que se calmara: «¿Por qué te has ensañado, y por qué ha decaído tu semblante? Si bien hicieres, ¿no serás enaltecido? y si no hicieres bien, el pecado está a la puerta; con todo esto, a ti será su deseo, y tú te enseñorearás de él» (ver Gn. 4:3-7).

En lugar de escuchar a Dios, obedecerle y dominar su ira, Caín se enfureció con Dios por no haber aceptado su ofrenda. También estaba muy enojado con su hermano porque Dios había aceptado la ofrenda de Abel. Caín permitió que su ira lo dominara y «se levantó contra su hermano Abel, y lo mató» (v. 8).

Ya sabemos que la ira es un problema destacado con el que luchan muchas personas en su vida cotidiana. ¡Pero Dios es fiel! Él nos dice a lo largo de las Escrituras que conquistemos y controlemos nuestra ira, y nos ha dado las instrucciones para hacerlo. El libro de Proverbios tiene mucho que decir sobre la «ira». Por ejemplo:

La ira es una reacción: «El necio al punto da a conocer su ira; mas el que no hace caso de la injuria es prudente» (Pr. 12:16). ¿Eres muy sensible? Algunas personas son demasiado sensibles y la crítica, el insulto o la desilusión más leve provocan que tengan un ataque de furia. Es muy difícil mantenerse cerca de una mujer de mal genio. Su ira siempre está a punto de estallar. Un pequeño chasquido, y estalla. Estar en su presencia es como caminar en un campo minado. Es como un barril de pólvora capaz de explotar hasta las nubes ante la más mínima provocación.

Sin embargo, la mujer «prudente» de Proverbios 12:16 —la mujer que Dios desea que seamos— es una mujer sabia que sabe mantener la calma. Ella tiene la gracia para esperar antes de hablar o reaccionar, para ser cuidadosa con su respuesta y sus palabras, y para ignorar los insultos. Se necesitan dos para discutir o pelear, y la mujer prudente no rebajará su dignidad para participar en una pelea.

Por la gracia de Dios, tú puedes y debes mantener la calma. Decide en tu corazón hacer lo que Dios te pide. Anhela hacer todo lo que Él te diga. Puedes aprender a esperar y a orar antes de responder a las quejas, las acusaciones o los insultos de otra persona. Puedes, en esencia, poner la otra mejilla y pasar por alto una transgresión, en lugar de deshonrarte a ti misma y a Dios —a quien tú representas— perdiendo tu dignidad, y reaccionando ante la ira y las acciones de «un necio».

La mejor noticia de todas es que Dios ya te ha dado todos los recursos que necesitas para manejar la ira. La paciencia, la mansedumbre y el dominio propio de su Espíritu están disponibles para ti cuando le pides que te ayude a lidiar con una situación emocional difícil. Él te capacitará para responder a su manera: «Abre su boca con sabiduría, y la ley de clemencia está en su lengua» (Pr. 31:26).

La ira es una pérdida de control: «El necio da rienda suelta a toda su ira, mas el sabio al fin la sosiega» (Pr. 29:11). Este es un versículo muy directo que nos dice que somos «necias» cuando perdemos los estribos. ¿Has perdido alguna vez el control con alguien? (Mi respuesta es un vergonzoso sí.) Si te ha pasado, significa que cediste a la ira y te dominó, en lugar de esperar en el Señor y controlar tu ira. Aun cuando el daño no haya sido permanente, el perder los estribos no era lo correcto. Justo en el momento en que cedes a la ira y explotas, la Biblia nos describe como «necias».

Otra vez, ¡gracias al Señor tenemos ayuda! Dios nos da su

sabiduría en su Palabra y definitivamente en todo el libro de Proverbios. Y Él nos da esperanza porque con su gracia, sabiduría y fortaleza podemos esperar. Podemos «contenernos»… podemos contener la ira. Podemos mantener a raya nuestras emociones… ¡quizás contando hasta diez! Y mientras estamos esperando y aguantando, podemos volver nuestros corazones hacia Dios. Podemos elevar una oración rápida y sencilla pidiendo paciencia y dirección. ¡Podemos pedirle al Señor que nos ayude a mantener la boca cerrada! Y podemos confiar en que su paciencia y sabiduría nos ayudarán y nos guiarán en su camino de sabiduría.

Es indispensable que como mujeres conforme al corazón de Dios lidiemos con los problemas de control de ira. Es importante aprender qué debemos hacer en lugar de perder los estribos. Y es imprescindible que oremos todos los días —y durante todo el día— para que podamos actuar ante la primera chispa de ira.

Dios nos ordena que descartemos la ira. Tal como dice este proverbio: «El necio da rienda suelta a *toda* su ira». Esto es alarmante porque si no tomamos acción contra la ira, y si no la descartamos, va a llegar el punto en que seremos necias certificadas, hechas y derechas… una mujer que siempre pierde los estribos.

En este tema de manejar las emociones y contener la ira, uno de los versículos más cercanos a mi corazón es 1 Pedro 3:4. En este versículo, Dios nos dice que descartemos la ira, pero también nos pide que nos vistamos «de un espíritu afable y apacible, que es de grande estima delante de Dios». «Afable» significa que no causas alboroto, y «apacible» quiere decir que no respondes a los alborotos que otros provocan. Con la sabiduría y el poder de Dios, *sí puedes* controlar tu ira.

La ira es contagiosa: «No te hagas amigo de gente violenta, ni te juntes con los iracundos, no sea que aprendas sus malas costumbres y tú mismo caigas en la trampa» (Pr. 22:24-25, NVI). La ira y los iracundos son un veneno que nos contagia cuando nos juntamos con ellos. ¡Es imposible estar cerca de gente irritable por más de unos minutos antes de que también comiences a irritarte! No importa cuál sea su problema o asunto, su enojo pronto se infiltra en tus puntos de vista, emociones, acciones y lenguaje. ¡Aprendes una nueva mala conducta!

Pero Dios llega a nuestro rescate con instrucciones claras, que comienzan con la palabra: «No». Este proverbio advierte enfáticamente que no debemos asociarnos ni hacernos amigas de personas violentas y malhumoradas porque serán una mala influencia. Es fácil y natural que «aprendas» sus malas costumbres y quedes atrapada en el pecado de la ira. La versión del Nuevo Testamento de este proverbio dice: «No se dejen engañar: "Las malas compañías corrompen las buenas costumbres"» (1 Co. 15:33, NVI).

La ira es un hábito: «Los que pierden los estribos con facilidad tendrán que sufrir las consecuencias. Si los proteges de ellas una vez, tendrás que volver a hacerlo» (Pr. 19:19, NTV). Un hábito es una norma de comportamiento adquirida que se practica regularmente hasta que se vuelve casi involuntaria. Existen hábitos buenos, como hacer ejercicio y comer sano; y existen hábitos malos, como fumar, beber alcohol y usar drogas que pueden causar serios problemas de salud y poner en riesgo a otras personas. La ira, como cualquier cosa que hagamos frecuentemente, puede convertirse en un hábito. La ira es como una adicción que no puede controlarse.

El primer paso hacia la solución de un problema en la vida de cualquier adicto es admitir que tiene un problema. Es asumir su responsabilidad. Es llamarlo por su nombre y dejar de dar excusas. ¿Dónde te encuentra la verdad de este proverbio en la escala de ira? Si tienes un problema de ira, confiésalo como pecado. Reconoce que tu ira es un asunto del corazón. Dios nos ordena clara y repetidamente de principio a fin en la Biblia que no cedamos ante la ira, sino que la dejemos a un lado y no la practiquemos.

Puedes acercarte a tu Padre celestial y pedirle que busque en tu corazón la raíz de tu ira. Puedes pedirle a Dios con humildad y audacia que te brinde la ayuda y la gracia para tratar con tu ira. Y no dejes de pedir perdón a las personas que han sido el blanco o los receptores de tu ira.

La ira es evitable: «La blanda respuesta quita la ira; mas la palabra áspera hace subir el furor» (Pr. 15:1). ¿Has pensado alguna vez en tomar una clase o un curso en defensa personal? Y te estás preguntando: «¿Se está refiriendo a una clase en artes marciales?». Bueno, ¡esa no es una mala idea! Pero, en realidad, estoy pensando en Proverbios 15:1. La mejor defensa personal contra la ira es una respuesta blanda y amable cuando escuchas palabras duras o hirientes. Cuando respondes amablemente, la primera consecuencia buena es que no estás respondiendo con ira —que sería pecado— y dos errores nunca suman un acierto. Y la segunda es que no le estás echando leña a la ira de otra persona. Recuerda: se necesitan dos para una discusión. Sigue el consejo de este corto poema:

> Ayúdame a cuidar mis labios, ¡oh, Salvador!,
> Mantenme dulce cuando me pongan a prueba
>   agriamente;
> Que ofrezca respuestas «blandas» a otros,
> Y que me «trague mi orgullo» humildemente.[2]

La ira es una decisión: «La cordura del hombre detiene su furor, y su honra es pasar por alto la ofensa» (Pr. 19:11). Este

---

2. M. R. DeHaan, M.D. y Henry G. Bosch, editor y coautor, *Bread for Each Day—365 Devotional Meditations* (Grand Rapids, MI: Zondervan, 1980), 28 de mayo.

proverbio resalta la «honra» (refiriéndose a la belleza como un adorno) del domino propio y sus beneficios, y la compara con las repercusiones y la destrucción inevitables que causan los estallidos de ira. La Biblia nos enseña que la ira (excepto la ira justa) es un error y es contraproducente. Más importante aún, Dios nos dice que la ira es pecado. Por lo tanto, no puede tener ningún resultado positivo. La ira acarrea malas consecuencias y puede producir sentimientos heridos, relaciones rotas, abuso físico y mucho más.

Una mujer discreta —una mujer con sentido común— sabe cómo controlar su temperamento. Ella sabe y cree que la ira es pecado, tal como dice la Palabra de Dios. Ha aprendido a ser «lenta para la ira» y a no ceder ante sus estallidos. Ella ha aprendido, como nos dice este proverbio, a «pasar por alto la ofensa» con humildad y gracia cuando alguien la trata injustamente.

Cuando demuestras paciencia hacia los demás y decides «pasar por alto la ofensa», estás actuando como el Señor pues estás eligiendo ofrecer misericordia, piedad y gracia. No tienes que confrontar a otros con cada detalle u «ofensa». La vida cotidiana no es un curso sobre estilos de debate ni una competencia deportiva de contacto físico. En cambio, puedes orar por el transgresor. Con misericordia y compasión, puedes preguntarte: *¿Qué está ocurriendo en su vida? ¿Qué razones tiene para actuar así y hablar así, para decir eso?*

Recuerda: dos errores nunca suman un acierto. Si alguien te provoca (el error de la otra persona), puedes defenderte, discutir o acusar (tus errores)… o puedes pasarlo por alto, con toda honra. Escoge tus batallas. Muy pocas cosas en la vida merecen una guerra.

Sabiduría de Dios... para tu día

Al inicio de cada nuevo día, reconoce que es una oportunidad que tu Padre celestial desea que vivas como una representante de Él. También es un día que traerá muchas pruebas y tentaciones que pueden despertar tu ira. Cuando eleves tu oración de «buenos días» al Señor, háblale de tu deseo de no ceder ante la ira hoy. Pídele su ayuda y su gracia. Y mantente hablando con Él minuto a minuto, de tarea en tarea, y durante cada prueba, sorpresa, encuentro difícil, cambio de planes y fracaso. Tu meta es no ceder hoy ante la ira.

La ira es una emoción peligrosa que siempre está merodeando debajo de la superficie. Tal como Dios advirtió a Caín: «El pecado está a la puerta, al acecho y ansioso por controlarte; pero tú debes dominarlo y ser su amo» (Gn. 4:7, NTV). Mi amiga, el pecado de la ira está acechando a *tu* puerta; y su deseo es atraparte y controlarte. Pero, como Dios instruyó, puedes y debes dominarla, y para hacerlo...

~ Abandona la ira (Col. 3:8 y Ef. 4:31-32).

~ Mantente bajo control (Pr. 29:11).

~ Mantente lista para escuchar, lenta para hablar y para enojarte (Stg. 1:19-20).

~ Ofrece respuestas blandas y amables (Pr. 15:1), y

~ Pídele a Dios el fruto de su Espíritu: paciencia y dominio propio (Gá. 5:22-23).

20

Busca todo el consejo posible: Consejos

Los pensamientos con el consejo se ordenan;
y con dirección sabia se hace la guerra.

PROVERBIOS 20:18

Oración

Me postro ante ti, Señor, reconociendo que enfrentaré tiem-pos difíciles y que todos los días surgirán problemas. Real-mente quiero atender los retos de hoy a tu manera; de una forma piadosa. Necesito tu ayuda hoy para no reaccionar impulsivamente ante las personas y los problemas, sino ha-cer una pausa delante de ti y procurar actuar según lo que me enseñas en tu Palabra. Me has enseñado que no debo apoyarme en mi propio entendimiento, sino que reconozca y busque tu dirección, y te bendigo porque has prometido que dirigirás mis pasos. ¡Oh, Padre!, este es mi anhelo hoy… es-perar en ti y en tu dirección paso a paso y prueba a prueba. Con un corazón lleno de gratitud, ¡te doy las gracias! Amén.

Es bastante fácil recibir consejos cuando no sabes mucho. Pero es mucho más difícil hacerlo cuando piensas que lo sabes todo. Bueno, tengo que decirles que justo después de aceptar a Cristo, el buscar y recibir consejos no fue difícil para mí porque sabía que no sabía nada. De hecho, busqué mujeres sabias y maduras que con gusto me ofrecieron orientación en mis funciones como mujer. Sus enseñanzas y su dirección pusieron en marcha mi vida como mujer cristiana y me ha sostenido por las pasadas cuatro décadas. Y esto es verdad porque lo que me enseñaron salió directo de la Biblia. Era la Palabra de Dios... eran consejos basados en las normas de Dios.

La necesidad de buenos consejos

Un problema cuando buscamos consejo es saber que existen dos tipos de consejo: el consejo bueno y el consejo malo... o lo que es peor, el consejo maligno.

Por ejemplo, cuando Roboam se convirtió en rey, pidió consejo de los ancianos de Israel; hombres con experiencia y piadosos que habían aconsejado al rey Salomón, ¡el hombre más sabio de su época! Luego, Roboam buscó la opinión de unos jóvenes que se habían criado con él. Al final, el rey Roboam rechazó la sabiduría de los ancianos y obedeció el tonto consejo de sus amigotes.

El resultado del consejo «malo» que le dieron sus amigos no tan sabios fue colosal: provocó que se dividiera el reino y que los dos grupos oponentes comenzaran una guerra entre ellos (ver 1 R. 12:1-15).

El libro de Proverbios deja claro que la persona que no busca consejo es un necio. Proverbios también nos dice que el sabio busca consejo de personas correctas; de personas sabias: «El camino del necio es derecho en su opinión; mas el que obedece al consejo es sabio» (Pr. 12:15).

Los siete pasos de la sabiduría

El libro de Proverbios dice repetidamente que debemos crear el hábito de buscar consejo antes de tomar una decisión o de hacer algo que podríamos lamentar más tarde. Como todos los cristianos, tienes y enfrentarás pruebas, emergencias, sorpresas, desilusiones, obstáculos y tragedias de todos los tamaños y sobre muchos asuntos.

Con el tiempo, he creado lo que llamo los «siete pasos de la sabiduría» para tomar mis decisiones. Estos siete pasos vienen de la Palabra de Dios y son el resultado de aprender de los errores y las malas decisiones que tomé por saltarme uno —¡o todos!— estos pasos. Desde entonces, esta lista me ha guiado en cada paso del camino, cuando recuerdo seguirlos.

Dios tiene sabiduría para cada situación y cada decisión que su pueblo necesita tomar. Seguir estos pasos te ayudará a ti, también, a decidir y aceptar el tipo de consejo adecuado.

Paso 1: ¡Detente!

Por lo general, la primera respuesta de la mayoría de las personas ante algo traumático o doloroso, o una completa sorpresa, es reaccionar. Nuestra tendencia natural es defendernos, contestar de mala manera, perder los estribos, frustrarnos o levantar los brazos y darnos por vencidas. Evidentemente, el primer paso hacia la sabiduría es reconocer que cualquiera de estas reacciones es nuestro primer indicio de que ¡estamos a punto de manejar mal nuestra situación!

Por lo tanto, antes de hacer nada, simplemente detente. Y permíteme añadir, detente de inmediato. Al instante. Inmediatamente. Dos proverbios nos dan este consejo: «aquel que se apresura con los pies, peca» (19:2), y «El corazón del justo piensa para responder; mas la boca de los impíos derrama malas cosas» y sin pensarlo (15:28).

Cuando controlas este tipo de primeras respuestas y reacciones, y te detienes en seco, ganas algo de tiempo —aunque sean unos segundos— para evaluar tu situación y cómo enfrentarla.

Paso 2: Espera.

Detenerte y esperar pueden ir juntas porque hay un flujo natural entre ambas acciones. Una vez te detienes antes de hacer cualquier cosa (¡o decir cualquier cosa!), ganas algo de tiempo para comenzar el proceso de decidirte a hacer algo —esperemos que lo correcto— o tal vez no hacer nada.

Esperar antes de actuar o reaccionar también te da tiempo para tomar una buena decisión.

Esperar te da el tiempo que necesitas para ser una mujer sabia que «piensa para responder» y para saber qué va a decir (15:28).

Esperar te da el tiempo para respirar hondo —lo mismo con tus pulmones que con tu alma, mientras elevas una oración al Señor— y responder como la mujer en Proverbios 31 que «abre su boca con sabiduría, y la ley de clemencia está en su lengua» (v. 26).

Paso 3: Escudriña las Escrituras.

En el capítulo 1 de Proverbios, Dios nos dice: «El principio de la sabiduría es el temor de Jehová» (v. 7). Por eso siempre tenemos que buscar la sabiduría primero en Dios. Su Palabra, la Biblia, contiene toda la sabiduría que necesitas y tiene las respuestas que necesitas para abordar cualquier situación. Como afirma Eclesiastés 1:9: «nada hay nuevo debajo del sol».

Después de detenernos y esperar, podemos preguntarnos: «¿Qué dice la Biblia?». Tu acción inicial debe ser buscar primero en la Palabra de Dios. Luego, puedes recurrir a otras personas que puedan ofrecerte apoyo, orar por ti, aconsejarte y guiarte hacia la voluntad de Dios.

Una de las bendiciones de leer tu Biblia fiel y regularmente es que empiezas a conocer los principios de Dios para enfrentar los problemas antes de que se presenten. Entonces, cuando te detienes, esperas y te preguntas o piensas rápidamente: «¿Qué dice la Biblia sobre esta situación?», puedes pasar mentalmente las páginas de la Biblia. Y, asombrosamente, es muy probable que recuerdes las respuestas divinas. Tal como nos aconseja Santiago 1:5 (NVI): «Si a alguno de ustedes le falta sabiduría, pídasela a Dios, y él se la dará, pues Dios da a todos generosamente sin menospreciar a nadie».

Paso 4: Ora.

Después de que hayas escudriñado las Escrituras y repasado lo que ellas dicen sobre tu situación, habla con Dios en oración. Cuando te acerques a la presencia del Señor en oración, puedes reconocer ante Él tu orgullo herido, la ira, el miedo, la angustia y cualquier otra emoción que sientas mientras estás trabajando para llegar a su solución divina. Por medio de la oración, reconoces la capacidad de Dios para ofrecerte dirección para tu decisión o respuesta, mientras sigues el consejo de estos versículos probados, verdaderos y —para mí— muy amados de Proverbios 3:5-6:

> *Fíate de Jehová de todo tu corazón,*
> *y no te apoyes en tu propia prudencia.*
> *Reconócelo en todos tus caminos,*
> *y él enderezará tus veredas.*

Esto le pasó a Nehemías. Cuando el rey interrogó cara a cara a Nehemías y él temió por su vida, oró a Dios. Antes de pronunciar una palabra ante el rey, Nehemías tomó tiempo para elevar una oración. Él oró al Dios de los cielos… e, inmediatamente, le contestó al rey (ver Neh. 2:1-8). Nehemías oró *in situ*, buscando la sabiduría de Dios, y la recibió… ¡en segundos! Y el rey pagano le concedió a Nehemías todo lo que este le pidió para organizar al pueblo de Dios para reedificar el muro alrededor de Jerusalén.

Igual que Nehemías, dispara *in situ* tus «oraciones flecha» hacia el cielo y espera la respuesta del Señor. Él responderá y hará que tu camino —tu siguiente paso, o palabra, o decisión— sea recto y claro.

Paso 5: Busca consejo.

Proverbios se especializa en ofrecer consejos sabios a los que buscan respuestas.[1] Existe una buena razón para que buscar consejo sea el quinto paso. Por ejemplo, si fuera el segundo paso, sería fácil reaccionar emocionalmente porque no «esperaste», ni «escudriñaste las Escrituras» ni «oraste». Estas omisiones pueden provocar que busques el tipo de consejo incorrecto o que aceptes dirección de las personas inadecuadas. Como Roboam, puedes decidir aprisa buscar el consejo de personas que sabes que afirmarán lo que tú piensas y lo que quieres que ocurra.

Piensa en esto: al ver tu estado emocional, un ser amado o tu mejor amiga o una compañera de trabajo que no es creyente podría, a raíz de sus propias emociones, afirmar lo que tú quieres hacer, que tal vez no sea bíblico. Cuando te detienes, esperas, escudriñas las Escrituras y oras, entonces estás preparada para evaluar el consejo que recibes con un corazón abierto y con el cuadro de referencia apropiado: el de Dios.

Y he aquí algunos buenos consejos que me dieron mis mentoras mayores que yo: si estás casada, asegúrate de consultar tu decisión o tu dilema primero con tu esposo, antes de hablar con cualquier otra persona. Averigua lo que él quiere o no quiere que hagas. Ustedes dos son una sola carne, y él es tu «cabeza», tu líder, la persona que es responsable por ti ante Dios. Ten en cuenta sus opiniones y deseos en este paso antes de moverte al Paso 6 y tomes una decisión.[2]

---

1. Ver Proverbios 11:14; 12:15; 15:22; 20:18.
2. Ver 1 Corintios 11:3; Efesios 5:22-23; Colosenses 3:18; 1 Pedro 3:1.

Paso 6: Toma una decisión.

Después de haber pasado por los primeros cinco pasos, es mucho más probable que tu decisión esté basada en las Escrituras y su sabiduría, en tiempo y oración… y no en emoción. Puedes proceder porque has seguido el consejo de Proverbios 16:3 (NVI): «Pon en manos del SEÑOR todas tus obras, y tus proyectos se cumplirán».

Para que no te preocupes, debes entender que este proceso a veces puede tomar segundos, minutos, horas, días… y hasta meses. Lo que quieres es hacer lo mejor posible para descubrir cuál es la acción correcta… antes de hacer nada. Siempre puedes pedir que te den tiempo para orar, tiempo para pensar cuidadosamente, tiempo para hablar con tu esposo, tiempo para buscar algunos consejos. Lo que quieres es estar segura de que has hecho todo lo posible para tomar una decisión buena y sólida. Tu meta es como la que presenta Romanos 14:5: «Cada uno esté plenamente convencido en su propia mente».

Paso 7: Actúa de acuerdo con tu decisión.

Ya hiciste el trabajo. Te detuviste antes de pecar o cometer un error craso. Esperaste pacientemente y en actitud de oración. Buscaste el consejo de Dios a través de su Palabra y la oración, y después de personas piadosas. Ya decidiste según lo que crees que es la dirección de Dios para abordar tu problema o situación y ahora es tiempo de actuar.

¡Y anímate! Ahora puedes actuar con audacia y seguir hacia delante con toda confianza porque sabes que consultaste con Dios en cada paso del camino. Y bendición sobre bendiciones, puedes estar segura de que Él te dará paz y te guiará en su camino, o te dirigirá en otra dirección. Y Dios promete que, cuando confías en Él —y no en tu propio entendimiento—, Él dirigirá tu camino.

Como bien sabes, no pasa un solo día en que no tengas que

tomar decisiones… ¡tal vez hasta una decisión por minuto! Es crítico que tengas un plan cuando el caos te sale al paso. Trabajar en los Pasos 1-6 es un plan que te lleva al Paso 7: Actúa de acuerdo con tu decisión.

¿Y sabes qué? ¡Es posible que también necesites un plan una vez que pones en marcha tu decisión! Por ejemplo: ¿qué vas a decir? ¿Cómo vas a actuar? ¿Cuál será tu primer paso? ¿Necesitas practicar?

Como un general que marcha hacia la guerra, actúa y sigue adelante con tu plan. El general —y presidente— Dwight D. Eisenhower dirigió al Ejército y a los Estados Unidos de América con este lema: «¡La planificación es todo!».

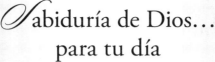

$\mathscr{S}$abiduría de Dios...
para tu día

El versículo para este capítulo sobre buscar todo el consejo posible nos enseña que «los pensamientos con el consejo se ordenan; y con dirección sabia se hace la guerra» (Pr. 20:18). Probablemente pones en práctica la sabiduría de este versículo todas las mañanas, cuando miras tu agenda para el día y luego haces la lista de tareas que te van a ayudar a hacerle frente y a llevar a cabo tus proyectos. Estos mismos actos de preparación (hacer tus listas) y hacer la guerra (marchar hacia delante para llevar a cabo tus proyectos) son la manera de lidiar con nuestros días y nuestra toma de decisiones. Nuestras acciones son «prepararnos» y «hacer la guerra», pero nuestros preparativos incluyen consultar con otros —especialmente con Dios—, para estar seguras de que solo peleamos nuestras batallas después de recibir dirección.

Como anhelas hacer la voluntad de Dios hoy, dirígete hacia el cielo para buscar su sabiduría y dirección, ¡pase lo que pase! Reúne toda la sabiduría que puedas... de la Palabra de Dios, de personas piadosas y por medio de la oración. Dios dirigirá tus pasos y su Palabra alumbrará tu camino en todo el trayecto.

21

Planifica —y vive— tu día a la manera de Dios: Manejo de tu vida cotidiana

Los pensamientos del diligente ciertamente tienden
a la abundancia; mas todo el que se apresura
alocadamente, de cierto va a la pobreza.

PROVERBIOS 21:5

Oración

Padre del tiempo y de toda sabiduría, me presento delante ti con la intención de que mi corazón descubra tu sabiduría para el día de hoy. Cuando pienso en la oración de Moisés: «Enséñanos de tal modo a contar nuestros días», me viene a la mente la brevedad de la vida y la importancia del día que tengo por delante. Con esperanza en mi corazón, Señor amado, te ruego que me ayudes a hacer que este día valga la pena. Que pueda comenzarlo con un plan inicial. ¡Que pueda vivirlo al máximo! Que pueda bendecir a quienes se crucen en mi camino. Que pueda atender los asuntos que son más importantes para ti y para tus propósitos, oh Padre. Guíame con tu sabiduría mientras procuro vivir este día para ti, en ti, y en tu fortaleza y gracia. Amén y amén.

Ya les conté que comencé a leer diariamente el libro de Proverbios el día 19 del mes. Bueno, dos días más tarde choqué con Proverbios 21:5. Estaba tratando de leer mi proverbio diario temprano por la mañana. Ya no recuerdo qué ocurrió la noche anterior (una hija enferma, estaba preocupada por algún ser querido, tuve que pagar algunas facturas), pero el día que llegué a Proverbios 21 estaba intentando leer en medio del aturdimiento del cansancio.

Tengo que admitirlo, la primera vez que leí Proverbios 21:5, ¡fue como si hubiera sonado la alarma del despertador! Si estaba cansada o soñolienta… ¡desapareció! Mi corazón comenzó a latir a toda prisa y saqué mi bolígrafo. Y, justo allí, en el margen blanquísimo de mi Biblia nueva y reluciente, escribí «MT»: una nota que indicaba que había encontrado un principio para el manejo del tiempo. «Los pensamientos del diligente ciertamente tienden a la abundancia».

A medida que seguí marcando en mi Biblia todos y cada uno de los principios sobre el manejo del tiempo, mi vida dio un giro, pero en un sentido positivo. Como nueva cristiana, comencé a darme cuenta de que Dios tenía un propósito, una dirección y un plan para mi vida… y yo necesitaba un plan que me ayudara a asociarme con su plan.

Estaba muy emocionada y motivada en mi crecimiento como mujer cristiana, pero también me sentía terriblemente frustrada. Conforme seguía leyendo mi Biblia todos los días, descubría lo que Dios quería de mí en mis roles de esposa, madre y (trágame tierra) «ama de casa», pero no sabía cómo o dónde comenzar. Era como si tuviera un elefante enorme en mi casa y no supiera cómo deshacerme de él… ¡ni siquiera sabía cómo esquivarlo!

El versículo 5 de Proverbios 21 me presentó una buena pista sobre cómo abordar la intimidante tarea de crecer no solo en la fe cristiana, sino también en la gestión de mis responsabilidades como mujer cristiana. Como dice el chiste: «¿Sabes cómo comerte un elefante?». «No, no sé». «Respuesta: ¡un bocado cada vez!». Y a eso me animaba el versículo 5. Necesitaba planificar cómo iba a enfrentar y a deshacerme de aquel enorme y temible elefante. Y tendría que ser un bocado —un plan, una acción, un día— cada vez.

¿Puedes creerlo? Llevaba solo tres días leyendo Proverbios y ya tenía un plan para mi vida... por lo menos para mi día: ¡necesitaba desarrollar algunas destrezas para manejar mi tiempo! No podía hacerlo todo para manejar completamente mi vida ni mi hogar, pero sí podía planificar y hacer *algunas* cosas. Mi anhelo era hacer por lo menos lo más importante. Y todo comienza con una planificación sabia. Una vez más, como dice este proverbio: «Los planes bien pensados: ¡pura ganancia!» (NVI).

Cómo Proverbios puede ayudarte a planificar para el éxito

En toda la Biblia, y especialmente en el libro de Proverbios, se contrastan dos tipos de personas y mujeres, y esto mismo lo podemos ver en nuestra vida cotidiana. En el primer grupo están los que no planifican. Tal vez piensen que tienen planes, pero en realidad lo que tienen son muchos sueños y pocos planes, si acaso tienen algunos. Van a la deriva y dejan que cada día evolucione hasta convertirse en un plan. Viven sus días y se preguntan por qué no llegan a ningún lado. Cuando se acuestan a dormir, están más atrasados que cuando se levantaron. ¡Realmente han retrocedido!

Entonces tenemos al segundo tipo de persona... una mujer sabia que encontramos en muchos proverbios, especialmente la mujer virtuosa de Proverbios 31. Supe de inmediato que esta era la clase de mujer en la que necesitaba convertirme: organizada, enérgica y entusiasta, activa y productiva... ¡y disfrutaba cada minuto de ello! Y, aunque sea difícil de creer, ¡lo hacía todo sin la algarabía del enojo o la frustración, ni los lamentos de la autocompasión!

Hasta este día extraordinario cuando descubrí los principios en Proverbios 21, no estaba cumpliendo con mis funciones hogareñas y había desarrollado algunos malos hábitos y atajos que causaron que mi casa tuviera el aspecto de una pocilga. De pronto, una pequeña semilla en mi corazón tuvo el anhelo de enfocar mi vida en cumplir la voluntad de Dios. Me di cuenta que quería asumir la responsabilidad de mis funciones como esposa, madre y «administradora del hogar», recién designada. Anhelaba parecerme más a mi Maestro y Salvador que «todo lo hace bien» (Mr. 7:37, nvi). Dediqué aquel día a aprender cómo vivir el plan de Dios para mí como mujer: poner primero a Dios, cuidar de mi hogar y hacer de mi familia una prioridad.

Y, conforme seguí leyendo cada día, descubrí que había más —¡muchas más!— lecciones que podía aprender de Proverbios sobre la planificación y vivir cada día a la manera de Dios; entre ellas:

La planificación mejora la calidad de tu vida: «Los pensamientos del diligente ciertamente tienden a la abundancia; mas todo el que se apresura alocadamente, de cierto va a la pobreza» (Pr. 21:5). Como nueva cristiana a la edad de veintiocho años, estaba muy por debajo de la media. Llevaba ocho años de casada, tenía dos niñas pequeñas y no tenía la menor idea sobre las implicaciones prácticas de mi nueva vida en Cristo. ¡Parecía una mujer montada en un caballo tratando de cabalgar en todas las direcciones al mismo tiempo!

Quizás puedas sentir mi frustración, y tal vez te sientas igual de vez en cuando. Sin embargo, después de leer el versículo 5 entendí que es mejor invertir un poco de tiempo en hacer planes que desperdiciarlo en algo que no has pensado bien. Y, tan pronto empecé a planificar, me percaté de los recursos útiles que Dios ya me había dado. Recibí el apoyo de mi fantástico esposo (después de todo, este cometido podía beneficiarlo con ropa limpia y una cena bien preparada). Además, estaba rodeada de un grupo ávido de mujeres maduras espiritualmente que deseaban ayudar a mujeres como yo a crecer como mujer cristiana. Y, lo más importante, tenía mi Biblia… ¡mi apreciada y maravillosa Biblia!

Según comencé a planificar cada día con este principio, noté una mejoría instantánea y vi resultados inmediatos y positivos. Como dice Proverbios 21:5 (DHH): «Los planes bien meditados dan buen resultado».

La planificación debe incluir a Dios: «El caballo se alista para el día de la batalla; mas Jehová es el que da la victoria» (Pr. 21:31). Es importante tener planes, ¡así que planifica como una loca y haz muchos planes! Pero no olvides que, sin la contribución de Dios, puedes terminar trabajando en contra de la misma voluntad de Dios. Coloca al Señor en el centro de tu planificación. Pídele sabiduría. Busca su corazón y su guía. Como dice este proverbio, prepara tu plan de batalla, pero asegúrate de consultar con Dios por medio de su Palabra y en oración, de modo que puedas participar en su victoria. Proverbios 16:3 (NVI) afirma el mismo principio: «Pon en manos del SEÑOR todas tus obras, y tus proyectos se cumplirán».

La planificación involucra a otras personas: «Afirma tus planes con buenos consejos; entabla el combate con buena estrategia» (Pr. 20:18, NVI). O, como dice otra traducción: «Siempre que hagas planes, sigue los buenos consejos; nunca vayas a la guerra sin un buen plan de batalla» (TLA).

Como bien nos dice este versículo, haz las listas de lo que necesita hacerse y luego crea un plan para hoy. Tu próximo paso es decidir cuáles de las actividades y los proyectos en tu lista son los más importantes. Entonces, sé sabia: busca el consejo de otras personas. Si estás casada, ¿qué le gustaría a tu esposo que lograrás hoy? ¿Qué piensa él que es vital para tu familia? ¿A quién conoces que sea experta en las áreas que necesitas ayuda, consejo o pericia? Crea un plan, busca el consejo de otros y, luego, involucra a las personas necesarias para cumplir con tu plan. En otras palabras, forma un equipo. Y si tienes hijos siempre comienza con: «¿Qué pueden hacer los muchachos para ayudar?».

En el capítulo 20 conocimos a Nehemías y aprendimos sobre la importancia de la oración antes de tomar decisiones. Nehemías era también un planificador. Por sí solo no podía hacer mucho, pero cuando planificó e involucró al pueblo de Jerusalén, juntos lograron más de lo que otros habían hecho en más de noventa años: ¡reconstruyeron el muro alrededor de Jerusalén en solo cincuenta y dos días! Con un plan sólido y el consejo y la aprobación de otros, las personas en tu vida —tu familia, tus amistades, los miembros de tu iglesia, otras mujeres— pueden convertirse en un poderoso ejército.

La planificación puede ahorrarte preocupaciones: «No tiene temor de la nieve por su familia, porque toda su familia está vestida de ropas dobles» (Pr. 31:21). La vida era dura en los tiempos bíblicos. Si alguien no planificaba para el invierno, la familia pasaba frío y hambre. Tal vez no enfrentas la amenaza de un clima severo, o el invierno, o que tu familia pase hambre, pero el futuro está lleno de incertidumbres. Puedes preocuparte por el futuro o puedes planificar para el futuro; no importa si estamos hablando del pago de la renta o del auto el mes que viene, o ahorrar para la jubilación o para la universidad de tus hijos, o para los frenillos o uniformes.

Planificar para mañana es tiempo bien invertido, mientras que preocuparte por el mañana es tiempo malgastado… y un pecado contra Dios, quien ha prometido que «proveerá de todo lo que necesiten, conforme a las gloriosas riquezas que tiene en Cristo Jesús» (Fil. 4:19, NVI). Y como dice otro versículo sobre Dios, Él «es poderoso para hacer todas las cosas mucho más abundantemente de lo que pedimos o entendemos» (Ef. 3:20). La preocupación no cree que Dios pueda ayudar, pero la planificación dice que, con la ayuda de Dios, «todo lo puedo en Cristo que me fortalece» (Fil. 4:13). No permitas que las preocupaciones por el día de mañana impidan que planifiques, que confíes en Dios y que disfrutes de su provisión para hoy... y para todos tus mañanas.

La planificación es vigilancia: «Está atenta a la marcha de su hogar, y el pan que come no es fruto del ocio» (Pr. 31:27, NVI). Una mujer sabia es una planificadora experta de todos los aspectos de su vida y de su familia. Ella es la administradora del hogar... y de su tiempo, y de su trabajo. El solo pensar todo lo que está en juego debería ocasionar que toda mujer planifique con ahínco para que todo en su vida, su tiempo y su hogar marche bien.

Como una «guarda» vigilante, tienes que estar atenta y prestar mucha atención a los detalles diarios de tu hogar dulce hogar. Esta vigilancia te ayudará a cumplir tu rol divino como administradora de tu hogar; el lugar donde vives tú y tus seres amados. Con un corazón puesto en la belleza y el orden de Dios para tu hogar, y algunas buenas destrezas para una buena gestión del tiempo, y un plan para cada día, por y con la gracia de Dios puedes encargarte de todo lo que te presente la vida.

$\mathscr{S}$abiduría de Dios... para tu día

Al principio de este capítulo dije que: «No podía hacerlo todo... pero sí podía... hacer *algunas* cosas». En otras palabras, necesitaba aprender y practicar el «descuido programado». Permíteme explicarte.

Recuerdo haber recortado un artículo del periódico *Los Angeles Times* sobre un concertista de piano al que le preguntaron sobre el secreto de su éxito. Él contestó: «Descuido programado». Luego explicó cómo había comenzado a estudiar piano. Era joven y muchas cosas le tentaban y luchaban por su atención y tiempo. Así que comenzó a encargarse cada día de aquellas exigencias apremiantes. Luego, después de atender todo aquello, regresaba a su música; es decir, que su música recibía las sobras de su tiempo y su energía. Sin embargo, un día tomó la decisión de descuidar a propósito todo lo demás hasta que su tiempo de práctica hubiera terminado. Ese programa de «descuido programado» explicaba su éxito.

Es lo mismo contigo (¡y puedo decir definitivamente que conmigo también!). No puedes hacerlo todo. Quizás (también como yo) has tratado de ser todo para todo el mundo, y terminaste fracasando en casi todos los frentes. ¿La solución? Desarrolla y afina diariamente la estrategia del concertista de piano. Planifica descuidar los proyectos, los asuntos, las actividades y las distracciones que no son prioridad para que puedas completar y manejar bien las actividades y las responsabilidades que son realmente más importantes. Luego verifica qué puedes hacer por lo que está más abajo en tu lista.

¿Cuáles son las pocas áreas en tu vida que son más importantes a los ojos de Dios? ¿Eres hija? ¿Esposa? ¿Mamá? Si es así, esas son las áreas donde la planificación es más esencial. Esta es la familia que Dios te dio; son la prioridad y la mayordomía que Dios te ha dado. ¿Qué puedes planificar para hacer hoy que enriquezca las vidas de las personas que tienes más cerca?

22

Instruye a tus hijos para Dios: Maternidad

Instruye al niño en el camino correcto, y
aun en su vejez no lo abandonará.

PROVERBIOS 22:6 (NVI)

Oración

Mi Padre celestial, Dios lleno de gracia y verdad, y padre de los huérfanos. Me siento honrada de ser tu hija y de poder llamarte Abba, Padre. Vengo delante de tu trono de gracia buscando dirección e instrucciones para criar a mis hijos. El deseo de mi corazón es que ellos siempre te amen sin reservas y que te sigan de cerca. ¡Oh, cuánto necesito tu sabiduría! Cada día está repleto de decisiones que deben y tienen que ser tomadas por una mamá llena de tu amor, paciencia, ternura, generosidad, bondad... y dominio propio. Enséñame tu sabiduría para pastorear a mis hijos amados. Dame la fortaleza para hacer lo que tú dices. Y llena mi corazón de amor por mis queridos hijos. Amén.

Un comienzo difícil

Cuando doy mi testimonio en público, intento pintar un cuadro mío y de Jim como una pareja de recién casados, y luego como nuevos papás. Durante los primeros ocho años de nuestro matrimonio y tres años criando a ciegas, leímos y buscamos ayuda de todas las fuentes posibles. No teníamos fundamentos, instrucciones ni pautas para edificar nuestro matrimonio o para criar una familia. Leímos prácticamente todos los libros sobre crianza que aparecían y vimos en la televisión programas de entrevistas hasta la saciedad, buscando ayuda de mamás, papás, psicólogos, educadores y expertos… de cualquiera que pensaba que tenía algo que decir sobre ser padres. Nos matriculamos en un colegio universitario municipal e hicimos cursos nocturnos sobre el matrimonio y la familia. Probábamos todo lo que leíamos, solo para movernos a la siguiente novedad que aparecía.

Ayuda real

Pero, ¡finalmente!, con nuestra nueva vida en Cristo, nuestras Biblias nuevas y mi nueva meta de leer Proverbios todos los días, sentía que estaba recibiendo ayuda —ayuda real—, y esperanza para nuestra familita. Tres días después de comenzar a leer Proverbios el 19 de octubre, encontré el versículo de versículos para los padres… Proverbios 22:6 (NVI): «Instruye al niño en el camino correcto, y aun en su vejez no lo abandonará».

Grité de alegría e inmediatamente marqué este versículo en mi Biblia. También escribí una «C» en el margen por «crianza». Luego, lo copié en una tarjeta y comencé a memorizarlo. Por primera vez en tres años siendo mamá, ¡tenía mi dirección! Y, mucho mejor, ¡tenía la dirección de Dios! Naturalmente, Proverbios 22:6 se convirtió en mi «versículo de mamá». Mi rol y tarea como mamá era claro y conciso: «Instruye al niño en el camino correcto».

Crianza a la manera de Dios

¡El libro de Proverbios es una mina de oro en ayuda para las madres! Ofrece instrucciones perfectas y cien por cien sabias de parte de Dios para los padres. He aquí un poco de lo que me ha guiado cada día como madre… ¡y todo está en Proverbios!

Enfócate en enseñar y instruir a tus hijos. En toda la Biblia, y especialmente en Proverbios 22:6, se instruye a los padres y se espera de ellos que enseñen e instruyan fielmente a cada hijo en la Palabra y en los caminos de Dios; «en el camino correcto». Esto se hace con una instrucción constante en las cosas del Señor y una disciplina amorosa y consistente durante todos los años que tus hijos vivan en tu casa. Tienes que inculcar en ellos hábitos piadosos; los hábitos para toda la vida que Proverbios explica con detalle. Tu papel es enseñarles a tus hijos la Palabra de Dios, instruirles en el camino correcto y orar fervientemente para que, por la gracia de Dios, tus esfuerzos como madre queden firmemente arraigados en su corazón y en sus vidas.

Céntrate en el camino: «El camino de Jehová es fortaleza al perfecto; pero es destrucción a los que hacen maldad» (Pr. 10:29). Aquí Proverbios nos dice como mamás que «el camino de Jehová» es el camino de la sabiduría y el camino de la rectitud. Estas verdades nos dan más municiones —y motivación— para enseñarles la Palabra de Dios a nuestros hijos. ¡Ellos simplemente tienen que conocer sus caminos! Entonces, mamá querida, ¡instrúyelos con todo tu corazón! No te reprimas. Sé atrevida. Exprésate sin temor. Sé consistente y constante. Y mantente en oración mientras desempeñas tu papel como una mamá conforme al corazón de Dios.

Céntrate en el corazón: «Sobre toda cosa guardada, guarda tu corazón; porque de él mana la vida» (Pr. 4:23). Estas palabras fueron dirigidas a un joven, y también debes decírselas con frecuencia a tus hijos. Jesús reforzó este concepto en Mateo 12:34, cuando dijo: «Porque de la abundancia del corazón habla la boca». De acuerdo con Jesús y Proverbios 4:23, la actitud del corazón de un niño o una niña dirige su conducta (¡y la tuya también!). Por lo tanto, tu instrucción y tu disciplina deben abordar las actitudes del corazón de tus hijos. Céntrate en cambiar el corazón de tus hijos —y sus actitudes—, no solamente las acciones externas. En lugar de ser una sargento instructora, debes convertirte en una cirujano del corazón.

No evites la disciplina: «La vara y la corrección dan sabiduría; mas el muchacho consentido avergonzará a su madre» (Pr. 29.15). Sí, como madres tenemos que disciplinar y tratar con el corazón de nuestros hijos. Sin embargo, como establece este proverbio, la disciplina física es parte del proceso de entrenar y amoldar el corazón de tus hijos a las normas de Dios. Y hay otros proverbios que también hablan de disciplinar fielmente a tus hijos. No pases por alto las razones y los motivos de Dios detrás de tu perseverancia en la disciplina:

- Disciplina a los hijos que son tu deleite (Pr. 3:12, NTV).
- Disciplina desde temprano a los hijos que amas (13:24).
- Disciplina en tanto que hay esperanza (19:18).
- Disciplina para purificar el corazón de tus hijos (20:30).
- Disciplina a tus hijos en el camino correcto (22:6).
- Disciplina para alejar la necedad del corazón de tus hijos (22:15).

La Biblia nos enseña claramente que amar a tus hijos es disciplinarlos. Este concepto no es fácil de entender y, ciertamente, ponerlo en práctica tampoco es fácil ni agradable (al menos, no lo fue para mí). Sin embargo, a medida que cumplía con las instrucciones de Dios, maravilla de maravillas, mis niñas comenzaron a responder a mis direcciones y mi instrucción. Como madre, tienes que confiar en que lo que Dios te está pidiendo es lo mejor para tus hijos y para tu forma de criarlos. Sé por experiencia que la disciplina consistente, fiel y amorosa sí funciona.

Sé ejemplo de lo que enseñas: «Dame, hijo mío, tu corazón, y miren tus ojos por mis caminos» (Pr. 23:26). Como mamá, este versículo me asusta muchísimo porque significa que tengo que ser ejemplo de lo que les estoy enseñando a mis hijas… en lugar de decirles: «Haz lo que digo, no lo que hago». El apóstol Pablo les dijo a los cristianos: «Imítenme a mí, como yo imito a Cristo» (1 Co. 11:1, nvi). Si vivimos en nuestro hogar según las enseñanzas y el ejemplo de Cristo, entonces les estamos proveyendo a nuestros hijos un «cuaderno de colorear» o un «cuaderno de copia» para que los dirijan. Así tendrán algo que pueden seguir, copiar, calcar, usar —y confiar— como un modelo piadoso para sus vidas.

Este poderoso poema ilustra cómo nuestros hijos son nuestros pequeños imitadores. ¡Y nos da muchísimo en qué pensar como mamás!

> Una [mamá] cuidadosa yo quiero ser,
> pues un chiquillo camina siempre detrás de mí.
> No me atrevo a descarriarme,
> por miedo a que él repita lo que yo hago.
>
> No me pierde de vista ni por un minuto,
> e intenta hacer todo lo que hago yo.
> Él dice que va a ser igualito a mí,
> ese chiquillo que camina siempre detrás de mí…
>
> Tengo que recordar por dondequiera que voy,
> no importa el invierno de ayer o el verano de hoy,

que estoy moldeando los años por venir,
de ese chiquillo que camina siempre detrás de mí.[1]

Deléitate en el fruto de tu esfuerzo: «Corrige a tu hijo, y te dará descanso, y dará alegría a tu alma» (Pr. 29:17). En este versículo hay un principio importante: un hijo disciplinado e instruido en los caminos de Dios traerá paz y alegría a tu alma.

Por lo general, los niños criados en la disciplina e instrucción del Señor son más propensos a seguir en los caminos de Dios cuando son adultos. Si bien la fe y la santidad de tus hijos al final son obra del Espíritu Santo, Dios usa la influencia de los padres para afectar positivamente a sus hijos. Un ejemplo excelente es Jonathan Edwards, un poderoso predicador puritano del 1700.

Con la intención de documentar el legado de Jonathan y Sarah Edwards, A. E. Winship, un educador y pastor norteamericano de principios del siglo XX, decidió seguir el rastro a los descendientes de Jonathan Edwards, casi 150 años después de su muerte. Edwards y su esposa tuvieron once hijos y su legado cristiano incluye: 1 vicepresidente de los Estados Unidos, 3 senadores federales, 3 gobernadores, 3 alcaldes, 13 presidentes de universidades, 30 jueces, 65 profesores, 80 titulares de cargos públicos, 100 abogados y 100 misioneros.

A la misma vez, Winship investigó a los descendientes de un contemporáneo de Edwards, un hombre llamado Max Jukes (o Juke). Su investigación fue igual de reveladora. El legado de Jukes se remontó 42 hombres en el sistema penitenciario de Nueva York. Sus descendientes incluían: 7 asesinos, 60 ladrones, 50 mujeres libertinas, otros 130 presos, 310 indigentes (con más de 2.300 años viviendo en albergues para indigentes) y otros 400 arruinados físicamente debido a una

---

1. Benjamin R. DeJong, *Uncle Ben's Quotebook* (Grand Rapids, MI: Zondervan Publishing House, 1977), p. 142, no se provee el nombre del autor de la cita.

vida de excesos. Se estima que los descendientes de Max Juke le costaron al Estado más de 1.250.000 dólares en aquel tiempo.

Este es un ejemplo poderoso de cómo el liderazgo de los padres —o la falta de él— tiene un efecto profundo en sus hijos.

La crianza de los hijos es una tarea extremadamente agotadora. Exige tiempo y atención las veinticuatro horas del día, siete días a la semana, durante unos veinte años. Pero el ejemplo de Jonathan y Sarah Edwards debería motivarte, pues tus esfuerzos definitivamente sí valen la pena. Hagas lo que hagas, no te rindas con la crianza de tus hijos. Sigue siendo la mejor mamá que puedas ser. Cuando no veas los resultados que deseas, esa es tu oportunidad para orar más y seguir haciendo lo que Dios te pide como mamá: no darte por vencida. Esa es tu oportunidad para confiarle a Dios el resultado de tu fidelidad. Únete al equipo de Dios mientras crías a los hijos que Él te ha dado.

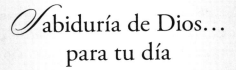

Sabiduría de Dios… para tu día

Todas las madres concuerdan y gritan «amén» cuando escuchan que la crianza de los hijos es una tarea ardua. Pero, por favor, mamá, disfruta de tus hijos… ¡hoy y todos los días! Y otra vez, ¡no te rindas! No busques dónde entregar tu credencial de mamá. Mantente de rodillas y pidiéndole ayuda a Dios y por los corazones de tus hijos amados. Sigue enrollándote las mangas de mamá y asumiendo tu papel de Mamá, y acoge con brazos abiertos la tarea que Dios te ha dado de instruir a un hijo para Él. Sigue sumergiéndote en el fragor de la crianza cada nuevo día.

No me canso de repetirlo: asume tu papel como madre. ¡Disfrútalo! Dios te está pidiendo, junto al padre de tus hijos —y nadie más— que críen a sus hijos para Él. El Señor te pide que les des a tus hijos tu amor ferviente, tu corazón, tu tiempo, lo mejor, el todo, tu sangre, sudor y lágrimas… y, sobre todo, tus oraciones… hasta que inhales tu último aliento en esta tierra.

23

Escoge bien lo que comes y bebes: Salud

Cuando te sientes a comer con algún señor, considera bien lo que está delante de ti, y pon cuchillo a tu garganta, si tienes gran apetito. No codicies sus manjares delicados, porque es pan engañoso.

PROVERBIOS 23:1-3

Oración

Amado Dios que escuchas mis oraciones, te doy las gracias porque tu Espíritu Santo mora en mí. Hoy te agradezco especialmente porque el fruto de mi unión con tu Espíritu es el dominio propio. Hoy escojo la moderación en todo, ¡oh Señor! Concédeme hoy y todos los días el deseo de comer, beber y vivir para tu gloria. Permite que valore mi cuerpo como tu templo y, por ende, que haga solo lo que honre tu nombre por encima de todo nombre. Mantén mi corazón sensible a aquellos que pasan hambre y sed, y ayúdame a buscar maneras de ofrecer ayuda a los necesitados. Amén.

Posiblemente todas las mujeres conocen este sencillo consejo para ahorrar calorías: no salgas a comprar comida con el estómago vacío. Lo sé muy bien y, aún así, hace unas semanas tenía poco tiempo y, de camino a casa, entré deprisa en el supermercado para comprar algunas cosas que necesitaba.

Llevaba días con el antojo de comer galletas con trocitos de chocolate, y me había mantenido firme en mi batalla de no hornear algunas en casa. Pero, cuando pasé por un pasillo, rumbo a la caja registradora, miré de reojo un recipiente lleno de masa para galletas con trocitos de chocolate, ¿y qué crees?, ¡uno de aquellos recipientes terminó en mi carrito de la compra!

Más tarde, ya en casa, miré con anhelo las instrucciones impresas en el enorme recipiente para ver en cuánto tiempo podría clavar mis dientes en una galleta recién horneada. Después de que encendí el horno para que se precalentara, me atreví a leer la parte de la etiqueta que decía que cada galletita tenía solo 120 calorías. ¡Ah, no está mal!

Pero luego me di cuenta (por experiencia previa) que no me podía comer solo una, especialmente si horneaba toda una bandeja de galletas de 120 calorías. Entonces me pregunté, si horneaba todas las galletas que saldrían de la masa en aquel recipiente, ¿cuál sería el daño total que le ocasionaría a mi cuerpo? He aquí las estadísticas de acuerdo con la etiqueta, y esto produjo un grito de mis labios: «¿Qué? ¡Eso es terrible!».

2300 gramos de masa para galletas con trocitos de chocolate
81 galletas por recipiente
120 calorías por galleta
9.720 calorías por recipiente

Alimentos a la manera de Dios

Dios se interesa por cada aspecto de nuestras vidas diarias. A fin de cuentas, Él nos creó. Él nos ama. Él nos salvó y nos ofreció vida eterna. De hecho, Él se preocupa tanto por nuestro bienestar que hasta nos instruye en su Palabra sobre hábitos alimenticios que maximizan nuestra salud personal para que seamos más útiles en nuestro ministerio con otros. Cuando aprovechamos la sabiduría y conocimientos de Dios acerca de nuestra salud, nos dirigimos a un mejor estilo de vida, uno que glorifique y dé el honor a Dios cuando le representamos ante otras personas

Antes de mirar varios proverbios que nos guían en este aspecto cotidiano de la comida, examinemos 1 Corintios 10:31 (NVI). Este versículo es una guía espiritual para nuestros hábitos de comida y bebida. Aquí el apóstol Pablo nos instruye: «En conclusión, ya sea que coman o beban o hagan cualquier otra cosa, háganlo todo para la gloria de Dios». Esta es una verdad extraordinaria porque como creyentes debemos anhelar y vivir para glorificar a Dios. Este versículo nos dice que es posible glorificar y honrar al Señor con nuestra manera de comer y beber.

Un extracto muy reconocido y querido por los creyentes en Cristo dice: «El fin principal del hombre es el de glorificar a Dios, y gozar de él para siempre».[1] Solo piensa en esto. Puedes glorificar a Dios a través de la manera en que comes y bebes todos los días. Si sigues algunas pautas que encontramos en Proverbios descubrirás la manera de comer y vivir mejor, y esta es una forma de glorificar a Dios.

Regla 1: Come con moderación; evita la glotonería: «Cuando te sientes a comer con algún señor, considera bien lo que está delante de ti, y pon cuchillo a tu garganta, si tienes gran apetito» (Pr. 23:1-2). Estos versículos se refieren a una prueba que usaban los gobernantes para determinar qué tipo de persona estaba sentada a su mesa. Los que comían en exceso exhibían defectos de carácter; entre ellos, la falta de dominio propio. Sin embargo, la gente sabia comía con moderación, y con esa acción externa revelaban rasgos internos de su carácter como la sabiduría, el dominio propio, el respeto y la gratitud. Estaban más interesados en su anfitrión que en su comida. Habían

---

1. El Catecismo Menor de Westminster.

venido a escuchar, a aprender y a honrar a su anfitrión, ¡no a hartarse con su comida!

¿Pensaste alguna vez que tus hábitos alimenticios no solo fueran el reflejo de tu carácter personal, sino también de tu relación con Dios? Este proverbio dice que la glotonería y el comer sin control son asuntos tan serios que la persona que no puede contener su apetito debe, metafóricamente, «ponerse un cuchillo en la garganta».

Regla 2: No te relaciones con personas que beben excesivamente ni con glotones. «No te juntes con los que beben mucho vino, ni con los que se hartan de carne» (Pr. 23:20, nvi). La Biblia ve la borrachera y la glotonería como pecados. Esta razón basta para que nosotras evitemos tales hábitos y conductas, y que rehuyamos también de ese tipo de personas. Pero Proverbios 23 continúa y nos da otra razón para evitar tal compañía: «pues borrachos y glotones, por su indolencia, acaban harapientos y en la pobreza» (v. 21, nvi).

No solo pagas un precio físico —somnolencia, pereza, atontamiento, vómitos— por beber y comer demasiado (Pr. 23:29-35), sino que también pagarás un precio financiero. Comer y beber en exceso requiere mucho dinero. Con frecuencia, el precio financiero es la pobreza o una deuda enorme en tarjetas de crédito. No creo que desees desperdiciar así tu vida ni el dinero que has ganado con el sudor de tu frente. Sin embargo, muchas personas lo hacen y van —como un comentarista tituló este pasaje en Proverbios— «de jolgorio a harapos».[2]

Regla 3: Come solo lo suficiente. «Manténme del pan necesario; no sea que me sacie, y te niegue, y diga: ¿Quién es Jehová? O que siendo pobre, hurte, y blasfeme el nombre de mi Dios» (Pr. 30:8-9). Llamo a estos versículos mi oración de «justo lo

---

2. Derek Kidner, *The Tyndale Old Testament Commentaries—Proverbs* (Downers Grove, IL: InterVarsity Press, 1964), p. 152.

necesario», pues se leen como una oración pidiéndole a Dios que nos alimente con la comida necesaria y suficiente para nosotras. Dicho de otra manera, la persona que está orando le pide a Dios: «Dame solo lo suficiente para satisfacer mis necesidades» (NTV). ¿Y por qué es tan importante comer solo lo necesario? Para que no nos saciemos al punto de olvidarnos del Señor, ni nos sintamos tentadas a hurtar comida cuando no hay suficiente. Es evidente que los extremos demasiado o muy poco afectan nuestro carácter y nuestras acciones; y, peor aún, nuestra relación con Dios.

Regla 4: Come solo lo que necesitas. «¿Hallaste miel? Come lo que te basta, no sea que hastiado de ella la vomites» (Pr. 25:16). Comer demasiado hasta el punto de vomitar nunca es agradable. Además, nos roba el alimento que se supone que nos nutra y dé energías para nuestra salud, para que atendamos todas nuestras responsabilidades y para servir al Señor. Dios nos llama a comer solo lo que necesitamos. Para que no cometamos el pecado de la glotonería, Él dice que simplemente comamos lo que nos basta, que comamos para vivir… no vivamos para comer.

Regla 5: No te dejes dominar por nada: «Me han herido, pero no me duele. Me han golpeado, pero no lo siento. ¿Cuándo despertaré de este sueño para ir a buscar otro trago?» (Pr. 23:35, NVI). Este versículo nos presenta la imagen trágica de un borracho. Esta persona es tan adicta al alcohol que la golpearon… y no le duele, ni lo siente ni lo recuerda. Proverbios 23:29-35 es la serie de versículos más larga en la Biblia sobre el tema de los efectos de la embriaguez. Comienza haciendo seis preguntas: «¿De quién son los lamentos? ¿De quién los pesares? ¿De quién son los pleitos? ¿De quién las quejas? ¿De quién son las heridas gratuitas? ¿De quién los ojos morados?» (v. 29, NVI). ¿La respuesta? «¡Del que no suelta la botella de vino…» (v. 30, NVI).

Siglos más tarde, el apóstol Pablo afirmó: «todas las cosas me son lícitas... mas yo no me dejaré dominar de ninguna» (1 Co. 6:12). «Todas las cosas» incluyen tanto la comida como el alcohol. Pablo está diciendo que, por la gracia de Dios, podía participar de muchas cosas, como ingerir alimentos o beber vino. Sin embargo, Pablo se pone firme y decide personalmente no convertirse en esclavo ni dejarse controlar o dominar por el poder de «nada» que pueda perjudicar su testimonio y su ministerio.

Lo mismo es cierto para ti. Como testimonio a otros y como un acto de tu voluntad, puedes elegir abstenerte de cualquier cosa que pueda dominarte. En mi mente, veo este concepto como ser una domadora de leones. Ahí estoy en medio de la pista. El león (mis antojos) está parado sobre una banqueta y está tratando de alcanzarme con sus enormes garras. Sin embargo, tengo un látigo grande en mi mano y lo estoy restallando, y el león se mantiene a raya.

$\mathscr{S}$abiduría de Dios...
para tu día

Hoy es un día completamente nuevo... ¡y esto significa que probablemente vas a comer varias veces! Leí en una ocasión que la persona promedio tiene todos los días por lo menos veinte encuentros con la comida... ya sea en la nevera, en la alacena, en el plato de frutas sobre la mesa, en la cafetería, en la máquina dispensadora, un pastel de cumpleaños... ¡o en la heladería! Y los encuentros con la comida siguen y siguen.

Según tu día nuevo y glorioso va avanzando —el día que el Señor ha hecho para ti y que te ha regalado—, ora. Usa Romanos 12:1 como tu súplica personal ante Dios: «Señor, hoy te presento mi cuerpo como sacrificio vivo, como culto racional de mi adoración. Permíteme vivir este día de una manera aceptable ante ti. No me dejes caer en tentación». Usa la sabiduría de Dios que encontramos en Proverbios para que guíe cada uno de tus pasos, mientras que tú...

> Te niegas a dejarte dominar por la comida
> o la bebida
> Te niegas a comer en exceso
> Comes con dominio propio
> Comes solo lo suficiente
> Comes solo lo que necesitas

Regresemos a 1 Corintios 10:31 (NVI) y conviértelo en la *Regla 6: Come de una manera que glorifique a Dios*: «En conclusión, ya sea que coman o beban o hagan cualquier otra cosa, háganlo todo para la gloria de Dios». Hasta las acciones más comunes y ordinarias como beber y comer pueden realizarse de una manera que honre a nuestro Señor. ¿Te imaginas? ¡Realmente puedes comer de una forma que honre y glorifique a Dios! Entonces, glorifica y honra al Señor cuando comes, con lo que comes y con la cantidad que comes. Y recibirás el beneficio secundario más importante mientras obedeces los mandamientos de Dios: la calidad de tu vida, así como tu adoración, mejorarán.

> No podemos glorificar a Dios a menos que nuestras vidas estén en armonía con Él y sus preceptos. Nada en nuestra conducta debe impedir que la gloria de Dios se refleje en nosotras. Es decir, en todo lo que hagamos y digamos, no importa cuán insignificante sea, el mundo debe notar que somos hijos de Dios. Exaltar la gloria de Dios debe ser nuestro propósito principal en esta vida terrenal.[3]

3. Simon J. Kistemaker, *New Testament Commentary—1 Corinthians* (Grand Rapids, MI; Baker Books, 1993), p. 358.

24

Sigue el plan de Dios para el éxito: Diligencia

Un corto sueño, una breve siesta, un pequeño descanso, cruzado de brazos… ¡y te asaltará la pobreza como un bandido, y la escasez, como un hombre armado!

PROVERBIOS 24:33-34 (NVI)

Oración

Postrada ante ti, mientras medito en la virtud de la diligencia, no puedo evitar recordar tu diligencia para completar la creación del mundo y todos sus habitantes. Asimismo, tu Hijo vino a hacer «la voluntad del que me envió» y pudo decir al final de su vida: «Consumado es». Anhelo asumir las responsabilidades que me has dado: mis seres queridos, mi hogar, mi trabajo. Ayúdame, Señor amado, a valorar y a proteger mi tiempo. Ayúdame hoy a no ser una «Marta», obsesionada con los quehaceres de la casa, sino una «María», fiel para sentarse a tus pies y atender primero la adoración, que es la mejor tarea, y luego pasar diligentemente a hacer mis tareas diarias «como para el Señor». Amén.

Rara vez pasa una semana sin que alguien me pida un consejo sobre cómo escribir un libro. Por lo general, la petición comienza con: «Siempre he deseado escribir un libro». Luego, una pregunta: «¿Qué consejo podrías darme?».

Y mi respuesta es siempre la misma: «No seas una aspirante. Escribe tu libro». Luego le doy algunos consejos prácticos y recomiendo algunos recursos útiles.

Toda mujer —incluyéndote a ti— tiene una historia poderosa que relatar, y consejos expertos y lecciones aprendidas que compartir. Tienes información transformadora que debes contar a otras personas. Es fácil sentirte abrumada y darte por vencida en tu intención de ayudar a otros a través de tus experiencias. Es fácil quedarte sentada fantaseando con escribir un libro o con emprender un proyecto personal que te entusiasma. El paso más difícil es realmente meterte de lleno en la tarea, y crear un bosquejo, o escribir uno o dos capítulos, o dar esos pasos iniciales para hacer realidad algún otro sueño.

De hecho, para escribir un libro alguien tiene que realmente intentar escribir un libro. Lo mismo ocurre con cualquiera de los proyectos con los que sueñas. Actuar es lo que separa a las «que son» de las «aspirantes». Hacer algo —cualquier cosa, y eso incluye escribir un libro— requiere m-u-c-h-í-s-i-m-o tiempo, trabajo arduo y diligencia, así como un compromiso de mantenerte centrada en tu meta hasta que la termines.

Cuando miro mi vida en retrospectiva, la diligencia no era realmente mi problema antes de ser cristiana. Puedo agradecer a mis padres por ser dos modelos influyentes de una ética de trabajo implacable. De hecho, después de jubilarse como maestros de escuela, siguieron trabajando en la industria de restauración de muebles, y comprando y vendiendo antigüedades ¡hasta mucho después de cumplir sus noventa años! No, yo tenía muchísima diligencia. Mi problema era la dirección. Iba en todas las direcciones al mismo tiempo, rara vez terminaba algo y, con frecuencia, acababa sin nada que mostrar. Sin embargo, una vez me convertí en cristiana, descubrí una dirección que acompañara a mi diligencia, ¡gracias a la gracia de Dios y a su Palabra!

La Palabra de Dios me mostraba su plan y su camino para mi vida como mujer, esposa, mamá y como sierva en la iglesia. Y, a medida que continuaba la lectura diaria de Proverbios, pronto entendí que la diligencia —así como la falta de ella— es un tema principal no solo en Proverbios, sino en toda la Biblia.

El plan de Dios para la diligencia

Tal vez ni siquiera desees escribir un libro, ¡y eso está muy bien! Dios siempre tiene el control y dirige paso a paso sus planes para tu vida. Sin embargo, sí tienes que atender la mayordomía de tu vida y todas sus responsabilidades. Echemos un vistazo a lo que descubrirás sobre la diligencia conforme sigas leyendo diariamente Proverbios.

La falta de diligencia lleva a la pobreza: «Un corto sueño, una breve siesta, un pequeño descanso, cruzado de brazos… ¡y te asaltará la pobreza como un bandido…» (Pr. 24:33-34, NVI). Este proverbio nos ilustra cómo la pereza y la vagancia pueden llevar a una persona a la negligencia, la pérdida y el fracaso. Lo que comienza como una dejadez insignificante —«un corto sueño, una breve siesta, un pequeño descanso, cruzado de brazos»— va ganando terreno y se convierte en un estilo de vida. Pronto, los recursos que teníamos, o pudimos haber tenido, se pierden de la misma forma como si hubiéramos sido robadas por un bandido (v. 34).

¡Y eso no es todo! Estos proverbios también hablan de la diligencia y sus efectos en nuestra vida:

- La diligencia afecta nuestras finanzas: «La mano negligente empobrece; mas la mano de los diligentes enriquece» (Pr. 10:4).

- La diligencia afecta nuestro sustento: «El que labra

su tierra se saciará de pan; mas el que sigue a los va-
gabundos es falto de entendimiento» (Pr. 12:11).

~ La diligencia afecta nuestra productividad: «En toda
labor hay fruto; mas las vanas palabras de los labios
empobrecen» (Pr. 14:23).

*La falta de diligencia reduce nuestra contribución a la socie-
dad:* «El que es negligente en su trabajo confraterniza con el
que es destructivo» (Pr. 18:9, NVI). ¿Cuántas catástrofes aéreas,
accidentes de trenes y otras tragedias han sido atribuidos a personas que no hicieron su trabajo adecuadamente? Se ignoraron
algunos problemas… o se dejaron para después. ¡Simplemente
nadie los resolvió! Tomaron un atajo. No colocaron la tuerca.
No ajustaron el tornillo. Pero, bueno, ¡era solo una tuerca, solo
un tornillo!

Este proverbio ilustra cuán importante es que nos esforce-
mos por dejar las cosas mejor que como las encontramos; que
no dejemos sin hacer ninguna tarea que sea nuestra responsabilidad. Que hagamos esa cosita adicional: devolver el carrito
de la compra a su lugar, ordenar la oficina antes de salir, apagar
las luces de la habitación del hotel antes de irnos. La diligencia
es una forma clave de contribuir positivamente a la sociedad.

La diligencia tiene que enfocarse en la dirección correcta: «Prepara tus labores fuera, y disponlas en tus campos, y después
edificarás tu casa» (Pr. 24:27). Una traducción moderna para
este antiguo proverbio podría ser: «¡Lo primero es lo primero!».
Como Israel tenía una economía agraria, todos dependían de
que se sembrara primero, antes de hacer cualquier otra cosa,
incluyendo la construcción de una casa para la familia.

Para mucha gente, el mensaje de este proverbio podría ser:
«Recibe una buena educación antes de aventurarte y salir al
mundo o de casarte». O podría ser: «Salda tus deudas o tus
préstamos estudiantiles antes de comprar una casa».

Para las mamás, este mismo proverbio podría significar: «Necesito asegurarme de que estoy cuidando bien de mi familia, especialmente de mis hijos, antes de buscar un trabajo fuera de casa… o antes de involucrarme más en el ministerio, o antes de regresar a la universidad, ¡o antes de escribir mi libro!». Para las mamás que trabajan fuera, podría ser: «Necesito asegurarme de que todo está listo en casa antes de irme al trabajo… desayuno, almuerzos para llevar, niños listos para su día en la escuela».

Sé que estos ejemplos no se aplican a todo el mundo, pero nos ofrecen una dirección para usar nuestra diligencia en orden prioritario, y enfocarla para atender lo que es más importante. Yo escribí mi primer libro después de que mis dos hijas se casaron. Escribir —igual que muchas otras actividades loables— exige y consume mucho tiempo. Y también requiere de muchas madrugadas y acostarte tarde por la noche para poder cumplir con las fechas de entrega. Tú tienes tus propios compromisos… tal vez sea preparar alguna lección de escuela bíblica, o redactar un ensayo, o estudiar para los exámenes que son requisitos para obtener tu diploma o tu licencia.

Como dice el proverbio, la sabiduría prepara su trabajo en orden de prioridad. La sabiduría para ti y para mí llega cuando preguntamos: «¿Qué "primero es lo primero" tengo que atender antes de proseguir a otras tareas menos importantes?».

La diligencia afecta nuestros resultados: «Sé diligente en conocer el estado de tus ovejas, y mira con cuidado por tus rebaños… Y abundancia de leche de las cabras para tu mantenimiento, para mantenimiento de tu casa, y para sustento de tus criadas» (Pr. 27:23-27). Este práctico proverbio nos dice que los hacendados necesitan cuidar diligentemente de sus rebaños para asegurarse de que estén bien. ¿El resultado? Su vigilancia cuidadosa asegurará que su familia siempre tenga alimento. Este es el tipo de diligencia que Dios pide de ti y de mí, conforme cuidamos de nuestros «rebaños»: nuestros hogares y nuestras familias.

Igual que un pastor, tú —pastora— tienes que «mirar con cuidado» diligente y apasionado, y proteger tu rebaño y tu hogar. Esto incluye tanto la condición espiritual y física de sus corazones y bienestar, así como el lugar donde viven. Luego, como concluye este proverbio, con este tipo de diligencia, tendrás una familia y un hogar que disfruta de la provisión y las bendiciones de Dios.

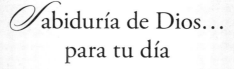

Sabiduría de Dios... para tu día

Hoy —y cada día— es un regalo de gracia de parte de Dios para ti. La Biblia está repleta de sabiduría y verdades que tienen el propósito de ayudarte en tu deseo de ser más diligente. Estos pasajes bíblicos te moverán y te motivarán a vivir cada día para el Señor.

Es bueno que cada nuevo día recordemos sobre...

...la brevedad de la vida. Muchas mujeres deciden vivir sus vidas en «tiempo de espera», con una actitud de «lo haré algún día» o «tengo todo el tiempo del mundo para hacerlo». Todas enfrentamos la tentación de la pereza. Es la naturaleza de nuestra carne. Sin embargo, solo tienes una vida y, como dice el refrán: «Todo pasará, y solo lo que hayas hecho por Cristo permanecerá». Tu diligencia hoy y todos los días te ayudará a realizar tu tarea, y beneficiará y bendecirá a tu familia, tu jefe y a quienes dependen de tu diligencia. La diligencia te ayudará a vivir de una manera digna y que honre a Dios, con menos y menos pesares.

...el propósito de la vida. Tengo que reconocer que este es uno de los mayores catalizadores para desear ser diligente. Cuando comprendí que fui creada *por* Dios y *para* Dios, y que Dios tenía un propósito para *mí,* ¡me emocioné muchísimo! Hasta ese momento en mi vida, me sentía como una vagabunda, insatisfecha, y siempre estaba buscando algo definido y significativo. Y de pronto, cuando entendí que Dios tenía un propósito para mí,

fue como si hubieran encendido una luz sobre mí, y me sentí muy motivada. El pensar en tu vida en Cristo y en su propósito para ti y en tu salvación, debe motivarte a desear vivir cada día y cada minuto del día para el Señor. Anhelarás que cada día cuente… para la gloria de Dios (Col. 3:23). La manera de cumplir este propósito es la diligencia y la maravillosa gracia de Dios.

… *el ritmo de la vida*. Ser diligentes no significa que tenemos que mantener un ritmo frenético de principio a fin. Simplemente quiere decir que tratemos de alcanzar un ritmo de vida productivo mientras vives con determinación cada uno de tus días. Y he aquí la buena noticia: puedes aplicar la diligencia a cualquier proyecto en el que estés trabajando. Entonces, ¿por qué no comenzar —o reiniciar— una vida diligente ahora mismo? Tu meta es, como dice la Biblia, hacer todo de forma honesta y en orden… ¡y para la gloria de Dios!

Mi querida amiga, no debes ver la diligencia como una obligación, sino como una delicia. La diligencia nace en tu interior y revela tu verdadero carácter. Y te aseguro algo: a veces te sentirás un poco triste o cansada. Y, cuando te pase, ora y anima tu alma. Mantén tu corazón sintonizado con la Palabra de Dios. Recita las promesas que Él te ha hecho. Recuerda el lío que era tu vida cuando no tenías dirección, ni propósito, ni amor para dar a otros. Recuerda el día de tu salvación, y regocíjate en lo que Dios está haciendo en ti, conforme te va transformando a la imagen de su Hijo amado. Confía en el Señor con todo tu corazón, y cuenta con que su poder y su gracia te ayudarán hoy a hacer diligentemente su voluntad.

Una vez eleves tu mente cansada a los cielos y comiences a pensar como Cristo, y una vez le alabes de todo corazón y des gracias a tu amado Salvador, experimentarás fuerzas renovadas para tu día. Porque el Señor multiplica las fuerzas al que no tiene ningunas y fortalece al débil. Te levantarás con alas como de águila. Correrás y no te fatigarás. Caminarás y no te cansarás. Como a Elías, el Señor te cuidará —su hija agotada— y podrás vivir tu día y cumplir con tus responsabilidades en la fortaleza del Señor.[1]

---

1. Ver Isaías 40:29-31 y 1 Reyes 19:5-8.

25

Sé fiel en todo lo que hagas: Lealtad

Como frescura de nieve en día de verano es
el mensajero confiable para quien lo envía,
pues infunde nuevo ánimo en sus amos.

Proverbios 25:13 (nvi)

Oración

Amado Dios que examinas el corazón, te doy las gra-
cias porque tus misericordias son nuevas cada mañana.
¡Grande es tu fidelidad! Bendigo hoy tu nombre no solo
porque puedo confiarte mi día, sino también mi vida y,
aún más importante, mi alma. Ayúdame a ser digna de
tu confianza en mi servicio a ti y a las personas que pones
en mi camino hoy. De la misma forma en que confío en ti,
permíteme también ser una mujer en la que otros puedan
confiar. Señor, lo que más anhelo es presentarme delante
de tu Hijo cuando terminen mis días aquí en la tierra y
escucharlo decir: «Bien, buena sierva y fiel». Amén.

Como cristiana, la fidelidad es una marca de la presencia de Dios en tu vida. Manifiestas la fidelidad de Dios, el fruto del Espíritu, al exhibirlo ante todo el mundo en tu caminar en el Espíritu (Gá. 5:22, nvi). Este poderoso e importante rasgo de carácter es también una señal de la sabiduría de Dios.

Varios pasajes bíblicos claves alientan encarecidamente a las mujeres a ser fieles. En el Nuevo Testamento leemos que las esposas de los diáconos y las líderes que servían en la iglesia tenían que reunir cuatro cualidades: «Las mujeres asimismo sean honestas, no calumniadoras, sino sobrias, *fieles en todo*» (1 Ti. 3:11).

Encontramos otra fuente de aliento en los evangelios, donde somos testigos de la fidelidad extraordinaria de un grupo de mujeres que suplían tenazmente a las necesidades de nuestro Salvador. Este grupo de mujeres fieles sirvió físicamente a Jesús y apoyó financieramente su ministerio.

Luego, el acto de fidelidad más heroico de este grupo de mujeres fieles comenzó mientras seguían a Jesús en su último recorrido desde Galilea a Jerusalén. Esta travesía llevó a estas mujeres al pie de la cruz para sufrir junto a Jesús durante todo el día de su crucifixión y muerte.

Sin embargo, su recorrido, y su fiel amistad y servicio no terminó con la muerte de Jesús. La fidelidad de estas mujeres siguió resplandeciendo cuando se levantaron temprano en la mañana del domingo y caminaron hasta la tumba donde habían colocado el cuerpo de Jesús. Ellas estaban listas con todo lo necesario para preparar apropiadamente el cuerpo inerte de Jesús... ¡pero su fidelidad fue recompensada siendo las primeras en escuchar la noticia de su resurrección![1]

Y otra fuente de aliento por ser fieles es el libro de Proverbios. Prepárate para ver...

La lealtad en exhibición

La lealtad es una cualidad refrescante: «Como frescura de nieve en día de verano es el mensajero confiable para quien lo envía, pues infunde nuevo ánimo en sus amos» (Pr. 25:13,

---

1. Ver Lucas 23:49–24:10.

NVI). Imagínate lo refrescante que sería una bebida fría para un agricultor… o para ti cuando estás trabajando en tu jardín o cortando el césped en un día caluroso. Una persona, un trabajador o un mensajero confiable son como una bebida helada en un día abrasador. Esta imagen ilustra el beneficio, la bendición y el ministerio que una mujer leal tiene hacia aquellos que sirve y ministra. Ella cumple con su responsabilidad… sea como sea.

La lealtad requiere fiabilidad: «Confiar en gente desleal en momentos de angustia es como tener un diente careado o una pierna quebrada» (Pr. 25:19, NVI). ¿Qué ocurre cuando masticas con un diente roto? ¡Ay! ¿Qué pasa cuando caminas con una pierna fracturada? ¡Otro ay! Tu diente roto y tu pierna fracturada cederán y te defraudarán. Son inútiles, poco fiables y una molestia dolorosa. Dependes de tus dientes y de tus pies para desempeñar funciones básicas como caminar, comer y trabajar.

Ahora piensa en las personas que confían en ti y dependen de tu ayuda en tiempos de dificultad o cuando está en juego un proyecto crucial. Si no eres leal ni haces tu parte, puedes ser la causa del fracaso o una desilusión para aquellos que contaban contigo.

Lo mismo ocurre bajo tu techo. ¿Quiénes viven ahí? Si es tu familia, entonces dependen de ti para que cocines, para que la alacena esté llena, para lavar la ropa, y para la limpieza y el orden general. ¿Cuáles son tus responsabilidades en la iglesia? No importa cuáles sean, prepárate a tiempo, verifica todo dos veces, llega temprano, quédate hasta tarde y asegúrate de que tu parte del ministerio se lleve a cabo completamente.

Necesitas lealtad en tu manera de hablar: «El Señor aborrece a los de labios mentirosos, pero se complace en los que actúan con lealtad» (Pr. 12:22, NVI). ¿Quieres complacer a Dios? Entonces, exhibe lealtad en tu manera de hablar. Ten cuidado con matizar la verdad, decir mentiras blancas y medias verdades, o de exagerar más allá de lo que es cierto. Una forma segura de alegrar y complacer a Dios y a los demás es ser absolutamente honesta cuando hablas. Haz caso a la advertencia de Proverbios 14:5 (NVI) y decide decir siempre la verdad: «El testigo verdadero jamás engaña».

La lealtad trae sanidad: «El mensajero malvado se mete en problemas; el enviado confiable aporta la solución» (Pr. 13:17, NVI). La Biblia llama a los cristianos a ser —y se refiere a ellos como— embajadores de Cristo.[2] Somos mensajeras del Dios a quien servimos. Entonces, la pregunta es: «¿Somos buenas o malas mensajeras?». Eres la única Biblia que algunas personas leerán jamás.[3] Hazte el propósito de vivir fiel y consistentemente para Cristo como su «embajadora leal»; como su instrumento de bendición para otras personas.

Piensa en los días ajetreados y caóticos que encuentra todo el mundo. La gente está sufriendo… sufre angustia, enfermedad, pérdida, estrés, necesidades, soledad. Debido a tu atención y tu compromiso con la lealtad, puedes llevar bien a otros. Cuando llegas, traes paz, sanidad, consuelo, éxito, orden y sabiduría a quienes lo necesitan. Eres como el doctor que aparece en una sala de urgencias. Las personas que sufren sienten de inmediato alivio emocional y físico. Y el proceso de sanidad comienza oficialmente. El doctor sabe lo que está haciendo y sabe cómo cuidar de las personas enfermas y doloridas. Cuando atiendes fielmente tus prioridades y responsabilidades —tu familia y amistades, tu trabajo y tu ministerio— tu presencia significa que todo está bien. ¡Que comience la sanidad!

La lealtad es imprescindible en la amistad: «Más confiable es el amigo que hiere que el enemigo que besa» (Pr. 27:6, NVI).

---

2. Ver 2 Corintios 5:20.
3. Ver 2 Corintios 3:2-3.

¿Cuál es la definición de una amiga? Es alguien en quien puedes confiar, alguien que «cubre tus espaldas», alguien que te dice las cosas tal como son. No les haces ningún favor a tus amigas si tienes miedo de ser sincera con ellas sobre sus acciones, actitudes y decisiones. Tu papel como amiga leal es apoyar fielmente sus esfuerzos y compromisos, es hacerlas responsables ante la Palabra de Dios, y es alentarlas para que alcancen los estándares divinos. Cómo reciben esa información depende de ellas. Si son sabias, aceptarán tus críticas porque vienen de una amiga leal.

La lealtad trae bendiciones: «El hombre fiel recibirá muchas bendiciones; el que tiene prisa por enriquecerse no quedará impune» (Pr. 28:20, nvi). Las mujeres y los hombres fieles y honestos que no codician grandes riquezas reciben abundancia de bendiciones. Este y otros proverbios parecen indicar que los mayordomos fieles de su dinero recibirán bendiciones financieras. Por el contrario, la persona obsesionada con enriquecerse rápido, y especialmente a expensas de los valores de otros, sufrirá consecuencias desastrosas. Las personas ambiciosas y avaras cometerán errores, violarán leyes, mentirán y sacrificarán sus valores morales. Al final, como dice el proverbio, «no [quedarán impunes]». Sufrirán consecuencias desastrosas. Dios te pide que seas fiel; no que seas ambiciosa ni avara. Si eres fiel, Dios te promete que «[recibirás] muchas bendiciones».

La lealtad es el mejor de los regalos: «Su esposo confía plenamente en ella y no necesita de ganancias mal habidas» (Pr. 31:11, nvi). Como esposa, el mejor regalo que puedes traer a tu matrimonio es la lealtad. Lo mismo aplica a tus amistades. Ya sea por la lealtad con que manejas tu dinero, o cuidas de tus hijos, tu hogar, tu familia, tus amistades o compañeros de trabajo, tu compromiso con la lealtad inspira confianza en los demás. Casada o soltera, la confianza es el ingrediente más importante que puedes ofrecer a tu familia, a tus amistades y a tus compañeros de trabajo. Todos saben que pueden confiar en que cumplirás tu palabra, harás tu trabajo y que serás leal en todas las áreas de tu vida.

Eres fiel en lo pequeño. Eres fiel en lo grande. Eres fiel en todo. Esto describe perfectamente a Febe, una mujer que conocemos en Romanos 16:1-2. Ella fue un ejemplo viviente de la afirmación de Jesús: «El que es fiel en lo muy poco, también en lo más es fiel» (Lc. 16:10). Febe no era líder en ninguna de las iglesias en o alrededor de Corinto. Sin embargo, era fiel en su servicio vital a las personas donde vivía y también en su ministerio al apóstol Pablo. Debido a su fiabilidad, recibió la responsabilidad de entregar personalmente una carta muy importante para la iglesia en Roma… y para ti y para mí hoy día, y para todos aquellos que vivieron en los siglos de en medio.

¿Puedes imaginarte la Biblia sin el libro de Romanos? Esa fue la «carta» que esta mujer llevó personalmente desde Corinto hasta Roma. Si hubiera sido yo, ¡me habría temblado hasta el pelo! Sin embargo, Febe —siempre fiel, siempre responsable, siempre confiable— recibió la encomienda y entregó la carta, sin percances, en las manos correctas.

¿Eres fiel en lo poco, como ofrendar generosamente tu tiempo y tus energías a tu iglesia? Cuando ayudas a otros, ofreces un gran servicio a Dios y a su pueblo. Y, quién sabe, ¡tal vez un día Dios te pida un servicio mayor! Febe fue fiel en lo poco… y también probó ser fiel en lo mucho.

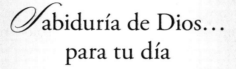

Sabiduría de Dios... para tu día

El libro de Proverbios nos da una buena idea y nos presenta muchas imágenes de la naturaleza de la lealtad. Pero, en realidad, ¿qué hace la lealtad? ¿Cómo es la lealtad en acción? Me he preguntado esto muchas veces a lo largo de los años, al estudiar la Biblia y en mi lectura de los Proverbios. He aquí un inventario que incluí en mi libro *A Woman's Walk with God.*[4]

Espero que estas características te ayuden a entender mejor la cualidad de la lealtad. Hoy día, nuestro mundo necesita desesperadamente esta cualidad. Si quieres seguir a una mujer que esté caminando con Dios, y por su Espíritu, verás estos actos de lealtad en su vida diaria:

~ Ella termina... todo lo que tiene que hacer.

~ Ella cumple... cueste lo que cueste.

~ Ella hace lo que le asignan... ya sea llevar un mensaje o cocinar una cena.

~ Ella se presenta... a veces antes que los demás, para que no se preocupen.

~ Ella cumple su palabra... su sí es sí y su no es no (Stg. 5:12).

~ Ella cumple con sus citas y compromisos... no los cancela sin alguna razón válida.

---

4. Elizabeth George, *A Woman's Walk with God* (Eugene, OR: Harvest House Publishers, 2000).

~ Ella conduce exitosamente sus negocios… lleva a cabo cualquier instrucción que reciba.

~ Ella desempeña sus obligaciones oficiales en la iglesia… y no descuida la adoración.

~ Ella tiene un compromiso con la obra… igual que Jesús, cuando vino a hacer la voluntad de su Padre (Jn. 4:34).

Puedes usar esto como una lista de comprobación o como tu lista de oración. Pídele al Señor que te muestre cualquier área en la que necesites mejorar o en la que necesites ser más leal. Pídele su fortaleza para seguir cultivando su lealtad divina en tu vida cotidiana.

26

Deshazte de la pereza: Disciplina personal

Dice el perezoso: El león está en el camino; el león está en las calles. Como la puerta gira sobre sus quicios, así el perezoso se vuelve en su cama. Mete el perezoso su mano en el plato; se cansa de llevarla a su boca.

PROVERBIOS 26:13-15

Oración

¡Oh, divino Redentor!, tú has transformado no solo mi corazón, sino también mi voluntad y mis emociones. Concédeme hoy la determinación para disciplinar mi cuerpo, para convertirlo en mi esclavo, y hacer la tarea que tú me has llamado a hacer. Mi corazón anhela servirte eficazmente, y servir a mi familia y a cualquier otra persona que se cruce hoy en mi camino. Permite que tu Espíritu Santo me capacite para lidiar con la pereza y el egoísmo que puedan interponerse en mi propósito de ser hoy un instrumento digno al servicio de mi Maestro. Amén.

Nos guste o no, vivimos en una «sociedad de gratificación instantánea». Queremos todo… y lo queremos ahora, ¡y preferiblemente, sin esforzarnos mucho! No importa si estamos hablando de entretenimiento, o de comenzar un pequeño negocio, o de aprender una destreza nueva o un idioma nuevo o de perder peso. Si no podemos obtener resultados en unas cuantas horas o en pocos días, nos damos por vencidas de inmediato y volvemos a nuestras rutinas viejas y familiares, que nos ofrecen algo de gratificación porque exigen muy poco o ningún esfuerzo de nuestra parte.

El estudio bíblico es un ejemplo excelente. La mayoría de los cristianos, si no todos, concuerda en que leer y estudiar la Biblia es importante. Piénsalo: la Biblia contiene la Palabra de Dios y su voluntad. Dios nos la ha comunicado en este libro, ¡que escribió Él mismo! ¡Es un milagro! Y la Biblia contiene información vital para cada aspecto de la vida; «todas las cosas que necesitamos para vivir como Dios manda» (2 P. 1:3, NVI). Trágicamente, muchos cristianos simplemente no hacen el esfuerzo. La pereza es muy habitual por la mañana. Es bastante natural (y también fácil), comportarnos como dice Proverbios 26:14: «Como la puerta gira sobre sus quicios, así el perezoso se vuelve en su cama».

Es posible que la razón principal para que la gente no lea su Biblia sea simplemente pereza. Preferimos darnos otra vuelta en la cama y retrasar la alarma diez minutos… y otros diez minutos… y otros diez… que hacer el más mínimo esfuerzo de salir de la cama, encender la cafetera y buscar nuestra Biblia.

¿Qué puede hacer una mujer como tú y como yo para superar el letargo y la pereza que impide que leamos la Palabra de Dios y que crezcamos espiritualmente?

Una respuesta inesperada

Varios meses después que Jim y yo iniciamos nuestro viaje espiritual como nuevos cristianos, asistimos a un seminario bíblico auspiciado por nuestra primera iglesia. El orador era profesor, autor y el editor principal de una reconocida revista cristiana. Al principio de su carrera, había hecho muchísimo para defender la fe cristiana frente al pensamiento liberal. En aquel día de seminario notamos que, sin duda, ¡él conocía realmente su Biblia!

Al final del evento, Jim quiso conocer a este hombre y tratar de descubrir su «secreto» para conocer tan bien la Biblia. Y, por supuesto, Jim me pidió que lo acompañara. Esperábamos que este hombre conocedor nos dijera que había sido una crianza cristiana sólida desde la cuna hasta la adultez. O, tal vez, su educación teológica en un seminario reconocido. O quizás, era su pericia y capacidad bien ganadas para traducir e interpretar las Escrituras.

La respuesta no fue nada de lo anterior. Para nuestra sorpresa, él nos dijo: «Todo lo que sé y lo que he logrado es el resultado de toda una vida leyendo la Biblia de tapa a tapa de una forma regular y sistemática. Esa disciplina me ha dado una profundidad de comprensión por la Palabra de Dios».

Bastante sencillo, ¿no? Jim y yo nos quedamos allí parados, pensando al mismo tiempo: «Necesito entender bien la Palabra de Dios, ¡así que será mejor que empiece hoy a leer y durante "toda una vida" la Biblia de tapa a tapa».

Disciplina: ¡no empieces tu día sin ella!

Querida hermana, aquel seminario duró solo un día, pero aquel pequeño consejo de parte del humilde orador ha tenido un impacto perdurable en mi esposo y en mí. Todavía intento leer mi Biblia todos los días. Y, como ya te dije antes, esta rutina ha incluido la lectura diaria del libro de Proverbios, lo que me lleva a la fecha de hoy… el 26 del mes en curso. ¡Y resulta que es el día en que estoy escribiendo sobre Proverbios, capítulo 26! Y, ¡oh cielos! Ahí está otra vez, en todo su esplendor: el tema de la disciplina y la falta de disciplina, que también se conoce como pereza. ¡Ay!

Dios tiene algunas perlas de sabiduría divina para nosotras en esto de la disciplina y la pereza.

La disciplina no inventa excusas: «Dice el perezoso: El león está en el camino; el león está en las calles» (Pr. 26:13). Esta persona está preocupada por dos tipos de leones: uno está «en el camino» y el otro está «en las calles». Sin embargo, parece que los dos son excusas absurdas para explicar por qué este perezoso no va a salir de casa para ir a su trabajo. En Proverbios 22:13, otro perezoso se excusa para no ir al trabajo diciendo: «El león está fuera; seré muerto en la calle».

Es asombroso cómo tú y yo podemos pensar en diez razones distintas para no lavar una tanda de ropa… o hacer la cama… o para posponer la limpieza o para no ir al supermercado. Cuando inventamos excusas o creamos razones para no hacer nuestro trabajo, esto impide que obedezcamos las instrucciones de Dios de ser «cuidadosas de [nuestra] casa» (Tit. 2:5), o que hagamos lo que hace la mujer virtuosa según Dios: «Está atenta a la marcha de su hogar, y el pan que come no es fruto del ocio» (Pr. 31:27, NVI).

La disciplina fomenta la ambición: «Como la puerta gira sobre sus quicios, así el perezoso se vuelve en su cama» (Pr. 26:14). Este versículo compara los movimientos en la cama del perezoso con una puerta que gira de un lado a otro sobre sus quicios. Parece que se va a levantar para hacer algo productivo… pero entonces, se vuelve a tirar en la almohada. La autodisciplina hace lo contrario. Te da el impulso para salir de la cama por las mañanas, enfrentar el día y abordar tus proyectos y tareas… y asegurarte de tener tiempo para pasarlo con el Señor.

Cada nuevo día es un día que Dios ha hecho, ¡y tu anhelo debe ser vivirlo al máximo! Tienes de frente un día lleno de metas por cumplir, personas a las que tienes que cuidar y una casa que tienes que atender. Y, asombrosamente, ¡no puedes cumplir con ninguna de estas responsabilidades hasta que salgas de la cama!

La disciplina vence la pereza y genera energía: «El perezoso mete la mano en el plato, pero le pesa llevarse el bocado a la boca» (Pr. 26:15, NVI). ¡No puedes evitar reírte cuando lees este proverbio! Describe a la persona que actúa según la primera Ley del movimiento de Newton: «Un objeto en reposo tiende a permanecer en reposo». La ley contraria también es cierta: «Un objeto en movimiento tiende a permanecer en movimiento». La inercia del perezoso impide que la persona genere energía suficiente para moverse y ser productiva. La disciplina hace te que muevas... y te mantiene en movimiento, aun cuando estás cansada.

La disciplina te mantiene creciendo: «El perezoso se cree más sabio que siete sabios que saben responder» (Pr. 26:16, NVI). El vago se pasa la vida justificando (al menos en su mente) por qué no necesita esforzarse. No importa cuántos consejos le den para superar su problema de pereza, el perezoso tiene una lista larga de razones mayores que explican por qué ninguna sugerencia o exhortación va a funcionar. Esto incluye la sabiduría de «siete sabios» que hubieran podido ayudarlo a ser más productivo.

¡Por favor, no seas una mujer, que, como el perezoso en la Biblia, es vaga y dejó de crecer! Esto ocurrió en el minuto en que se sintió satisfecha con su vida... y decidió que nadie la cambiaría. Para esta mujer, la pereza es una calle sin salida. Cada vez tendrá menos logros, productividad, metas, ambiciones y sueños por cumplir. Ha aceptado lo que está haciendo y no hacer nada más está bien para ella. Ya no está buscando ayuda, ni respuestas, ni cambio... ni crecimiento. ¿Para qué va a buscar ayuda o va a querer cambiar si para hacerlo tiene que esforzarse?

En cambio, la mujer sabia es disciplinada. Ella ha declarado una guerra de una sola mujer contra la pereza. Ella «se levanta de madrugada», «no se apaga su lámpara en la noche» y «el pan que come no es fruto del ocio». Ella no le teme al trabajo. De hecho, «decidida se ciñe la cintura y se apresta para el trabajo». Esta mujer siempre está buscando cualquier ayuda o información que pueda encontrar que la ayude a hacer mejor su trabajo... y más rápido.[1]

---

1. Ver Proverbios 31:15, 17, 18, 27.

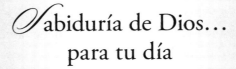

Sabiduría de Dios… para tu día

Tu travesía hacia una mayor disciplina comienza con un primer paso: el deseo de hacerlo. Y el deseo más intenso es el amor. Cuando amas al Señor, anhelas servirlo, y eso requiere disciplina y acción. De igual forma, cuando amas a otros tu corazón anhela servirlos y ayudarlos, para que su vida mejore, y esto requiere disciplina y acción. Y cuando sigues el mandamiento de Dios de «amar a tu prójimo como a ti mismo», entonces deseas servir al pueblo de Dios, a tus vecinos y a las personas que conoces, y eso también requiere disciplina y acción.

Proverbios 31 habla de la mujer virtuosa como una bendición para todas las vidas que ella toca. Esta corta lista de su amor, sus tareas y su disciplina personal es la lista de comprobación de Dios para ti también, y la encuentras en Proverbios 31:10-31:

> Ella es fuente de bien para su esposo y no de mal, todos los días de su vida.
> Ella se deleita en trabajar con sus manos.
> Ella trae su alimento de muy lejos.
> Ella da de comer a su familia.
> Ella planta un viñedo.
> Ella ocupa sus manos en el hilado y con sus dedos tuerce el hilo.
> Ella extiende sus manos al pobre y al necesitado.
> Ella cose abrigos y colchas para ella misma y para su familia.
> Ella confecciona ropa y la vende.

Nos preguntamos: ¿cuál era su motivación? Otra vez, es el amor... un amor inagotable por el Señor. Ella es una «mujer que teme al Señor» (v. 30, NVI). El amor en su corazón y en su alma la incentivaba, y la capacitaba para hacer su trabajo; sus actos de amor.

Después de enumerar sus virtudes y sus logros, Dios corona a la mujer virtuosa de Proverbios 31 con esta declaración: «¡Sean reconocidos sus logros, y públicamente alabadas sus obras!» (v. 31, NVI). El reconocido predicador, G. Campbell Morgan, comentó: «La mujer de Proverbios 31 es aquella que reconoce en toda plenitud y riqueza las capacidades y glorias de su femineidad».

Sí, necesitas disciplina personal en todos tus empeños y para tener éxito en las funciones y las responsabilidades innumerables que Dios te ha asignado. Posiblemente has experimentado esto después de un día largo, difícil, ajetreado y lleno hasta el borde. Cuando —¡al fin!— puedes acostarte en tu cama, dulce cama, y comienzas a pensar en tu día, en tu lista de tareas y en todos los sueños que tenías sobre lo mucho que progresarías. En este momento es muy fácil concluir que «el vaso está verdaderamente medio vacío». Que tu día no fue exitoso. Que tu lista para mañana va a ser aún más larga, cuando añadas todo lo que no pudiste hacer hoy. Cuando te enfocas en todo lo que no hiciste, tu espíritu abrumado está a la par de tu cuerpo cansado al final del día.

Y entonces, llega un día glorioso, esplendoroso y triunfante. Y su amanecer está acompañado por la luz y la renovación de un nuevo día. Respiras un aire nuevo, limpio y fresco. El mundo está en silencio o está comenzando a despertar poco a poco. No existen palabras que describan mejor el comienzo bendecido de un nuevo día como estas en Lamentaciones 3:22-24:

> *Por la misericordia de Jehová no hemos sido*
> *consumidos,*
> *porque nunca decayeron sus misericordias.*
> *Nuevas son cada mañana; grande es tu*
> *fidelidad.*
> *Mi porción es Jehová, dijo mi alma; por*
> *tanto, en él esperaré.*

Hoy mismo —en nombre de tu nuevo día— proponte fielmente comenzar una vez más. Mira al Señor con esperanza. Dale las gracias por su fidelidad. Pide en oración seguir sus pasos. Luego, empieza una vez más a bendecir a otros a través de tu disciplina personal, a través de lo que sí puedes lograr. Pon tu mirada en el presente, en el hoy. Después de todo, como dice el refrán: «Lo que serás mañana, se está formando hoy».

27

Sé prudente en un mundo negligente: Prudencia

El prudente ve el peligro y lo evita; el inexperto sigue adelante y sufre las consecuencias.

PROVERBIOS 27:12 (NVI)

Oración

¡Oh Padre! ¡Cuánto anhelo que la prudencia me distinga como una mujer conforme a tu corazón! Tú eres el Dios de toda sabiduría, y en Proverbios le ofreces a tu pueblo una cantidad enorme de sabiduría... tu sabiduría divina para los días y los retos de nuestras vidas. Todas tus instrucciones son perfectas. Todas tus acciones son absolutamente santas y rectas, y llevan la marca de la sabiduría. Hoy clamo a ti por sabiduría. Mis días son muy ajetreados y están repletos de tareas. Tengo que tomar muchísimas decisiones; decisiones que marcan una diferencia. Permite que tu Espíritu me guíe hoy para tomar cuidadosamente las decisiones correctas, conforme me encuentro con distintas personas y problemas. Quiero tomar tus decisiones. Amén, ¡y gracias!

Cuando me convertí en cristiana, mis emociones, actitudes y prejuicios sociales ya estaban tallados en piedra... o eso creía. Pero, alabado sea Dios, ¡Jesucristo lo cambió todo! Ahora era una «nueva criatura» (2 Co. 5:17) —una creyente recién nacida— y yo lo sabía. Veintiocho años haciendo las cosas a mi manera solo me habían puesto la soga al cuello, por decirlo así. No obstante, el libro de Proverbios vino en mi rescate.

Mientras leía diariamente Proverbios, me topé con versículos como este: «El camino del necio es derecho en su opinión; mas el que obedece al consejo es sabio» (Pr. 12:15). ¿Mi respuesta? «Ay, ay, ay... ¡soy así de necia!». Aquel mismo día comencé a buscar ayuda, a buscar libros y a buscar un estudio bíblico al que pudiera unirme. Necesitaba mentoras que me ofrecieran dirección en mi nueva vida en Cristo. «Las cosas viejas» tenían que pasar (2 Co. 5:17), y, gracias a Dios, eso incluía mi forma mundana de ver y hacer las cosas.

El corazón es la sede de nuestras emociones y actitudes, y Dios comenzó a trabajar en el mío. Él comenzó a cambiar mi corazón, y esto afectó mis acciones y reacciones en las áreas de discreción diaria de la vida práctica, también conocidas como «prudencia».

Sabiduría para la vida cotidiana

En Proverbios 27 encontramos muchísimos versículos que nos muestran cuánto necesitamos la sabiduría práctica, o prudencia, en nuestra vida cotidiana. El versículo 12 describe las acciones de una persona prudente. Y aún si la anticuada palabra «prudente» no llama tu atención, sí te va a gustar su significado, ¡y te beneficiarás de conocerlo! Dicho de manera sencilla, ser prudente quiere decir ser cuidadosa o comedida en tus acciones o al tomar decisiones.

Se describe a la persona prudente como sabia, razonable en asuntos prácticos, discreta, sensata y cuidadosa. Un comentarista define así la prudencia que vemos en Proverbios 27:12: «Los hombres prudentes son cuidadosos y evitan el peligro, mientras que los necios que no ven el peligro, siguen adelante. A la larga, los necios sufrirán por su negligencia».[1]

Como puedes ver, la prudencia es una cualidad esencial en tu vida diaria como una mujer ocupada que lleva una pesada carga de responsabilidades. La mayor parte del día, tomamos una decisión cada minuto. Sin duda alguna, la prudencia mejora la calidad de esas decisiones.

Y aún más importante y motivador es saber que Dios valora muchísimo la prudencia. De hecho, el Nuevo Testamento nos dice que un «obispo», o «anciano» o líder en la iglesia debe exhibir esta cualidad: «es necesario que el obispo sea... prudente» (1 Ti. 3:2).

He aquí algunos versículos de Proverbios que nos ayudarán en la vida cotidiana:

La prudencia es perspicaz: «El prudente ve el peligro y lo evita; el inexperto sigue adelante y sufre las consecuencias» (Pr. 27:12, nvi). Cuando usas tus ojos espirituales (que se desarrollan leyendo y estudiando tu Biblia), puedes «ver» lo que está ocurriendo a tu alrededor. Es como si tuvieras un par de antenas o un radar que detectan los problemas que pueden surgir.

En cuanto ves lo que está ocurriendo, la prudencia puede dirigir tu respuesta. Si lo que está pasando es sospechoso, aterrador o maligno, este versículo te dice qué acción sabia y apropiada puedes tomar. Es como si la sabiduría estuviera gritando: «No te sigas moviendo a ciegas. Es lo que harían los ingenuos. Ellos no ven, sienten ni piensan en el peligro. Y, por lo tanto, sufrirán las consecuencias. Debes ser prudente... ¡corre, huye, muévete! ¡Escóndete!».

También podemos decir que la mujer prudente camina con cautela. Para ser una mujer prudente, crea el hábito de evaluar

---

1. Robert L. Alden, *Proverbs: A Commentary on an Ancient Book of Timeless Advice* (Grand Rapids, MI: Baker Book House, 1990), p. 192.

completamente tus acciones antes de dar un paso. Pregúntate siempre: «¿Está la Biblia en desacuerdo con esta actividad o decisión?». Si es así, no participes en ella. Si lo haces, estás yendo en contra de la voluntad revelada de Dios y eso se clasifica como «maligno». Por lo tanto, esa decisión no es una opción. Tus acciones y respuestas son claras: di que no. Vete del lugar. Da la vuelta y camina en la dirección opuesta. Huye de la situación.

Las mujeres casadas descubrimos tarde o temprano que hacen falta dos personas para una discusión de pareja. Es como una pelea de boxeo, solo que ocurre en tu casa, en tu sala de estar o en tu auto. Hay dos boxeadores en el cuadrilátero: tu esposo viste pantalones cortos azul y está en su esquina, y tú vistes los rosados, y estás en la esquina opuesta. Cuando suena la campana, se espera que los dos boxeadores salgan y peleen hasta que uno termine lastimado o tirado en la lona o se dé por vencido o pierda.

Pero ¿qué pasaría si cuando suene la campana solo saliera un boxeador a pelear? Obvio: no hay pelea. No puede haber pelea. ¿Por qué? Porque se necesitan dos para pelear.

En mi matrimonio, aprendí a poner de mi parte lo más posible para no iniciar las discusiones… ni participar en ellas. Aprendí a hacer lo mismo en la iglesia, o en la conversación con un vecino: si una situación o una opinión contraria se caldea, hago lo que dice este proverbio y me retiro.

Cuando una discusión se vuelve hostil, o incómoda o se sale de control, siempre tienes el derecho de pedir tiempo para pensar y orar por el asunto, para buscar lo que dice la Biblia y para pedir el consejo de otras personas. Y, si estás casada, tienes el derecho —y la responsabilidad— de comentarlo con tu esposo.

Con frecuencia, este principio de prudencia de Proverbios 27:12 se usa para ayudar a mujeres cuyos esposos son propensos a la ira, la violencia, al abuso físico, al alcohol o a la adicción a las drogas. Cuando la situación se pone tensa y se encamina a una discusión o un arrebato, la mujer involucrada puede «esconderse» saliendo de la habitación, yéndose a otro cuarto, subir o bajar las escaleras, o salir de casa. Como dice otro proverbio: «La mujer agraciada tendrá honra» (Pr. 11:16). Obtienes y mantienes tu honra, y te ganas el respeto de otros, alejándote de las discusiones, disputas y peleas. Dios te dará toda la gracia que necesitas para ser agraciada, y responder con su gracia y bondad.

La prudencia practica el dominio propio: «El necio muestra en seguida su enojo, pero el prudente pasa por alto el insulto» (Pr. 12:16, NVI). No hace falta mucho para que una mujer necia explote; más bien revienta ante la molestia más mínima. Se convierte en un estilo de vida. Sin embargo, la mujer prudente sabe cómo ignorar un insulto y practicar el dominio propio.

En el hermoso libro devocional *The One Year Book of Proverbs*, encontré estos pensamientos e instrucciones:

> Una persona sabia reconoce que un insulto dice más sobre el que insulta que el insultado. Él o ella respira hondo y hace la vista gorda. Mantener la calma, en este caso, no es una reacción pasiva o floja, sino una respuesta activa que nace de la fortaleza y la seguridad internas de que lo que la otra persona piensa o dice no es la última palabra. A nosotros nos guía Dios mismo... [quien era] «lento para la ira].[2]

Este autor luego cita Santiago 1:19-20 (NTV): «Mis amados hermanos, quiero que entiendan lo siguiente: todos ustedes deben ser rápidos para escuchar, lentos para hablar y lentos

---

2. Neil S. Wilson, *The One Year Book of Proverbs* (Wheaton, IL: Tyndale House Publishers, Inc., 2002), 12 de junio.

para enojarse. El enojo humano no produce la rectitud que Dios desea».

Jesús es nuestro perfecto ejemplo de alguien que ignoró los insultos de otros durante toda su vida, su juicio y mientras agonizaba en la cruz. Pilato vio algo distinto en la falta de respuesta o represalia de Jesús y «quedó asombrado» (Mr. 15:5, NVI). Esta conducta humilde y semejante a Cristo, es la que Dios quiere de ti y de mí cuando alguien nos insulta o nos calumnia.

La prudencia es humilde de corazón: «El hombre prudente no muestra lo que sabe, pero el corazón de los necios proclama su necedad» (Pr.12:23, NVI). Una verdadera dama no va por ahí alardeando de lo mucho que sabe, ni echando en cara sus credenciales o logros pasados. Ella encubre discretamente su conocimiento. No es que no utilice su conocimiento y que atraiga muchas bendiciones de Dios a su vida, sino que no lo usa para impresionar.

En resumen, la lección de Dios sobre la sabiduría es: habla menos. No trates de ser el centro de atención. Enfócate en los demás. Minístrales. Aprende de ellos. No seas una mujer del tipo «¡aquí estoy, mírame!». Sé mejor del tipo «¡ahí estás!».

La prudencia revela carácter: «Todo hombre prudente procede con sabiduría; mas el necio manifestará necedad» (Pr. 13:16). En la mentalidad hebrea, la «sabiduría» formaba la totalidad de una persona: su corazón, su alma y su mente. Para un hebreo, la sabiduría era tanto la voluntad como las emociones. En una palabra, era el carácter. Por lo tanto, la conducta de una mujer revela su carácter. La prudencia de una mujer se revela en la manera responsable en que vive su vida, mientras que la conducta de la mujer necia revela su necedad.

¡Solo imagina lo que tener sabiduría o prudencia puede hacer por ti! En tu vida diaria, te protege de riesgos insospechados y te ayuda a encontrar maneras de escapar de dificultades o de evitar situaciones penosas. La prudencia es esencial para educar a tus hijos, para ocuparte de tus asuntos familiares y para atender tus responsabilidades domésticas. ¡La prudencia es importante! Para marcar una gran diferencia en la manera en que manejas tu vida y a las personas en ella, pídele a Dios todos los días que te dé una nueva dosis de prudencia para tu nuevo día… ¡antes de salir de la cama!

La prudencia no habla mucho: «El que es entendido refrena sus palabras; el que es prudente controla sus impulsos. Hasta un necio pasa por sabio si guarda silencio; se le considera prudente si cierra la boca» (Pr. 17:27-28, NVI). Estos dos proverbios podrían titularse: «Piensa antes de hablar». Una persona prudente mantiene la calma y cierra la boca. De hecho, ese tipo de dominio propio se considera como sabiduría, aun si lo practica un necio (v. 28). Para que los demás piensen que eres una mujer sabia o prudente, y te reconozcan como tal, lo único que tienes que hacer es cerrar tus labios y mantenerte callada. El primer paso para alcanzar la sabiduría y la prudencia es cerrar tu boca.

La prudencia es una elección: «La casa y las riquezas son herencia de los padres; mas de Jehová la mujer prudente» (Pr. 19:14). Es interesante notar que el versículo anterior a este habla de «las contiendas de la mujer». Estos dos versículos nos describen a dos tipos de esposas: las que ayudan y las que causan daño. Esto lleva a las casadas a preguntarse: «¿Estoy eligiendo quejarme y fastidiar, o alentar y motivar a mi esposo? ¿Estoy eligiendo ser una esposa prudente?».

¿Recuerdas a Abigail, en el capítulo 8? Ella fue una esposa prudente a pesar de su marido perverso. ¡El individuo era un caso serio! No obstante, a pesar de la conducta necia y detestable de su esposo, Abigail exhibió muchas de las características de la prudencia que hemos estudiado en este capítulo. Su vida (ver 1 S. 25:1-43) nos presenta un modelo excelente de una mujer y una esposa prudente, y crea una lista de comprobación que podemos usar:

~ Ella tuvo la perspicacia para notar las necesidades y los estados de ánimo del momento.

~ Ella ejerció dominio propio, y así salvó la situación en lugar de echarla a perder.

~ Ella fue modesta y humilde, y se postró sobre su rostro para rogarle al rey David.

~ Ella reveló su carácter a través de todas sus acciones, las palabras que dijo y las que calló, y con una reacción rápida que condujo a la solución positiva ante una situación potencialmente mortal.

~ Ella no dijo mucho más, aparte de rogar por la vida de su pueblo, de calmar a un rey enojado y de apelar ante su esposo borracho.

~ Ella demostró la sabiduría que había aprendido después de vivir con un hombre maltratador, enojado y orgulloso.

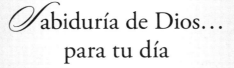

$\mathscr{S}$abiduría de Dios…
para tu día

Dondequiera que Dios te encuentre hoy, ya sea en el trabajo, en casa, o en ambos, no te olvides de esta maravillosa cualidad: la prudencia. Como has visto en Proverbios, Dios la valora muchísimo. Este sentido común te acompañará fielmente en tu caminar diario… y a lo largo de tu vida. Y, como nos recuerda Proverbios 19:14, si estás casada, tu prudencia es un regalo de parte del Señor para tu esposo.

28

Cultiva un corazón generoso: Finanzas

El que da al pobre no tendrá pobreza; mas el que aparta sus ojos tendrá muchas maldiciones.

PROVERBIOS 28:27

Oración

Padre amado, ¡mantenme neutral! No me des riquezas ni pobreza. Aliméntame con lo que sea mi porción. ¡Dame solo lo que necesito! Mantén mi vista fija en lo alto, para que mis ojos puedan contemplar los tesoros del cielo. Ayúdame a no preocuparme cuando crea que no tengo suficiente, o cuando se sacuda mi estabilidad y mi confianza en ti sea probada. Ayúdame a no aferrarme a lo que tengo, a ser generosa con otros, a ser responsable con mis deudas y a darte siempre las gracias por lo que me has dado. Ablanda mi corazón por otros y por tus causas alrededor del mundo. ¡Tu hija agradecida dice amén!

El dinero es un factor de la vida cotidiana. Y viene con un conjunto de problemas, tal como concluyó secamente un observador desconocido:

> ¡No hay forma de ganar! Si te esfuerzas por obtener dinero, eres materialista. Si no lo consigues,

eres un perdedor. Si lo consigues y lo guardas, eres un avaro. Si no te esfuerzas por conseguirlo, careces de ambición. Si lo consigues y lo gastas, eres un derrochador. Y si después de haber trabajado toda tu vida, todavía te queda algo, entonces eres un tonto que nunca disfrutó de la vida.[1]

Sí, el dinero es un factor de la vida cotidiana. También es la fuente de gran placer... y el instigador de úlceras, problemas de salud y relaciones destrozadas. El dinero puede usarse para hacer mucho bien... y para hacer mucho daño. Gracias al cielo que nuestro Dios sabio puso un manual básico sobre el dinero y las finanzas justo en el centro de la Biblia, en el siempre práctico y útil libro de Proverbios.

No estás sola en tu batalla con el dinero y su administración. Líderes del Gobierno, empresarios, familias y hasta algunas iglesias caen en la trampa de pensar que el dinero es la respuesta para todos los problemas. Como resultado, es fácil pensar que la solución para todos nuestros problemas es tener más dinero.

El dinero es peligroso si pensamos que es la ruta más fácil o el único camino para obtener lo que deseamos. Junto a la necesidad práctica del dinero también encontramos una advertencia en la Biblia sobre la actitud equivocada hacia el dinero: la «raíz de todos los males es el amor al dinero» (1 Ti. 6:10). Cuando el dinero se convierte en nuestro ídolo, se interpone en nuestra relación con Dios.

Un presupuesto sin Dios

Antes de convertirnos en una familia cristiana, Jim, nuestras dos niñas y yo éramos una pequeña familia "pagana"

---

1. Roy B. Zuck, *The Speaker's Quote Book*, cita tomada de *Bits & Pieces* (Grand Rapids, MI: Kregel Publications, 1997), p. 259.

típica. Gastábamos hasta el último centavo que ganábamos y usábamos todas las tarjetas de crédito hasta su límite máximo. Y hasta hicimos uno o dos préstamos contra nuestra hipoteca para mantener el estilo de vida que deseábamos; un estilo de vida que incluía una casa bonita, autos, motocicletas, un remolque y muchísimas vacaciones. Entonces, cuando comenzamos a asistir a la iglesia y a entender sobre la mayordomía, las ofrendas y el diezmo, descubrimos que en el presupuesto de nuestro estilo de vida no quedaba nada para Dios.

Al principio, pensamos algo como: *Bueno, hasta ahora Dios ha sobrevivido sin nuestro dinero, así que no debería importarle si vamos a la iglesia, lo adoramos, celebramos nuestra salvación… y seguimos creciendo sin que incluyamos en nuestro presupuesto la ofrenda para nuestra iglesia y sus ministerios.*

¡Ah, qué equivocados estábamos! A medida que leíamos la Biblia y observábamos el ejemplo de otros creyentes, nos dimos cuenta de que necesitábamos entender mejor el dinero y las finanzas desde la perspectiva de Dios. El libro de Proverbios está repleto de sabiduría sobre nuestras actitudes hacia el dinero y cómo debemos usarlo. He aquí algunas lecciones de Proverbios 28 sobre este tema tan importante para nuestra vida diaria.

Administrar bien el dinero es un arte que tienes que aprender: «El hombre fiel recibirá muchas bendiciones; el que tiene prisa por enriquecerse no quedará impune» (Pr. 28:20, NVI). Posiblemente has escuchado la expresión: «Ten cuidado con lo que deseas». Este proverbio está diciendo lo mismo. Los proverbios nos advierten una y otra vez sobre las riquezas que se ganan inescrupulosamente, demasiado rápido o a expensas de otros.[2]

El aprender a administrar bien tu dinero es un arte que adquieres cuidando tus finanzas en oración y con fidelidad todos los días. Requiere que trabajes duro para ganarte el dinero, y

---

2. Ver Proverbios 10:2; 13:11; 20:21; 21:6; 28:22.

que planifiques y ahorres a largo plazo para tu familia y para los tiempos difíciles futuros. Lo aprendes a través de la supervisión cuidadosa, diligente, disciplinada y repetitiva, y a través de la práctica y la experiencia. Esta persona —el hombre fiel, diligente y cuidadoso en el versículo 20— «recibirá muchas bendiciones». Aquellos que tienen prisa por enriquecerse, serán tentados a defraudar, hacer trampas, mentir, apostar, violar la ley y desobedecer la Palabra de Dios. Y pronto fracasarán y «no [quedarán impunes]».

Tener dinero no da la felicidad: «Los avaros tratan de hacerse ricos de la noche a la mañana, pero no se dan cuenta de que van directo a la pobreza» (Pr. 28:22, NTV). Los que tienen un espíritu codicioso, motivos egoístas y son «avaros», gastan su capacidad intelectual, su tiempo y sus energías corriendo tras el dinero, solo para encontrar pobreza espiritual al final de su búsqueda.

Lee este proverbio otra vez. Nos está diciendo que tener dinero no cambia nuestros corazones ni nos promete felicidad. Nadie ha conocido jamás a un avaro feliz. Un corazón egoísta y ambicioso no cambia ni desaparece solo porque ahora seas rica. ¡Seguirá siendo tan frío y estará tan vacío como cuando no tenía riquezas! En palabras de un pensador anónimo: «El dinero es un objeto que tal vez pueda usarse como pasaporte universal para cualquier lugar, excepto el cielo, y el proveedor universal de todo, excepto felicidad».[3]

Perseguir el dinero no es el camino correcto: «La avaricia provoca pleitos; confiar en el SEÑOR resulta en prosperidad» (Pr. 28:25, NTV). La persona avara o que siempre está buscando una forma de ganar dinero es propensa a empujar a todos y a todo en su carrera con tal de alcanzar riquezas y poder. Su falta de

---

3. Frank S. Mead, editor, *12,000 Religious Quotations* (Grand Rapids, MI: Baker Book House, 2000), p. 309.

preocupación por los demás lleva a la discordia y a la angustia, especialmente en sus relaciones. Es cierto que «el amor por el dinero puede llevarte a la ruina relacional. Sin embargo, la administración sabia del dinero —y un corazón enfocado en Dios— puede marcar una diferencia positiva en tu vida y en las vidas de los seres que amas».[4]

Los que desean hacer la voluntad de Dios y que confían en que Él proveerá, disfrutarán de paz y satisfacción. Y por supuesto, Jesús lo dijo perfectamente: «busquen primeramente el reino de Dios y su justicia, y todas estas cosas les serán añadidas» (Mt. 6:33, NVI): «cosas» como comida, agua y ropa… todo lo que necesitas para sobrevivir.

Compartir tu dinero puede ser una herramienta para ayudar a otros: «El que da al pobre no tendrá pobreza; mas el que aparta sus ojos tendrá muchas maldiciones» (Pr. 28:27). Este es un tema recurrente en todo el libro de Proverbios: «El alma generosa será prosperada; y el que saciare, él también será saciado» y «El ojo misericordioso será bendito, porque dio de su pan al indigente» (11:25; 22:9).

Estos proverbios nos dicen que el que tiene un espíritu generoso hacia los necesitados recibirá recompensa, pero el que tiene un espíritu egoísta «tendrá muchas maldiciones». La Biblia no nos explica qué tipo de maldiciones, pero el mensaje es claro y directo: no sigas ese camino… el camino del egoísmo y la tacañería. ¡No te olvides de los pobres! Abre tus ojos, tu corazón y tu cartera a los necesitados. Comparte de lo que Dios te ha dado. Y cuando lo haces, como te prometen los tres proverbios anteriores: «no [tendrás] pobreza», «[serás] prosperada» y «[serás bendita]».

Tu generosidad no debe limitarse al dinero. Tal vez el dinero

---

4. *Checklist for Life—The Ultimate Handbook* (Nashville, TN: Thomas Nelson Publishers, 2002), p. 52.

sea escaso en este momento, pero puedes dar de otras maneras; por ejemplo: tu tiempo, tu ayuda, tus talentos. La mujer de Proverbios 31 fue elogiada por ofrecer cuidados físicos: «Alarga su mano al pobre, y extiende sus manos al menesteroso» (v. 20).

Quizás no tengas mucho dinero, ¡pero tienes mucho que dar! Los discípulos de Jesús no tenían mucho dinero, pero mientras viajaban con su Señor para proclamar el evangelio, ellos ayudaron, alimentaron y sirvieron a los necesitados de muchas maneras. Cuando tu corazón está enfocado en Dios y deseas obedecer su voluntad y seguir el ejemplo de Jesús, el egoísmo que escondes se disipa y comienzas a usar desinteresadamente tus posesiones. Tal como nos enseñó Jesús, el dador de todo, aun de su vida: «No acumulen para sí tesoros en la tierra... Más bien, acumulen para sí tesoros en el cielo... Porque donde esté tu tesoro, allí estará también tu corazón» (Mt. 6:19-21, NVI). ¡Tu obediencia a los mandamientos de Jesús te convertirá en la poseedora de una prosperidad espiritual que va más allá de cualquier sacrificio personal!

El dar dinero es una forma de honrar a Dios: «Honra a Jehová con tus bienes, y con las primicias de todos tus frutos; y serán llenos tus graneros con abundancia, y tus lagares rebosarán de mosto» (Pr. 3:9-10). A los judíos del Antiguo Testamento se les pedía que cumplieran los mandamientos de las Escrituras y que dieran a Dios las «primicias» de sus cosechas. Como resultado de su fe y obediencia, Dios les prometía graneros llenos hasta reventar y bodegas rebosantes de vino nuevo. La manera en que usas tu dinero es prueba de tu confianza en Dios y tu relación con Él.

¿Le das a Dios «de lo primero»? ¿Le das a Él lo mejor o le ofrendas de lo que sobra a fin de mes? Este es el reto que te presenta este proverbio. Honras a Dios cuando le pones en primer lugar, ya sea con tu dinero, tu servicio, tu tiempo o tus talentos. Dios no recibe honra cuando piensas en Él después de otras cosas en tu vida.

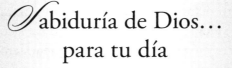

*S*abiduría de Dios…
para tu día

La mayoría de las personas y las familias —y tal vez tú también— simplemente están tratando de mantenerse a flote financieramente. Por lo tanto, a veces es difícil dar a la iglesia o a otras personas el dinero que ganas con el sudor de tu frente. Sin embargo, este no es el pensamiento correcto. Debes entender que no le estás dando a Dios, y ni siquiera a la iglesia. Le estás dando a Dios como un acto de adoración.

Cuando hablamos de dar, el asunto no es cuánto des, sino la actitud de tu corazón cuando das. Esto es lo que trae la bendición de Dios sobre tu vida. Como dice Proverbios 11:25: «El alma generosa será prosperada; y el que saciare, él también será saciado».

Querida amiga, no hay nada más hermoso que una mujer bondadosa, misericordiosa y generosa. Conforme llenes tu alma cada día con la Palabra de Dios, tu corazón se desbordará en muchísimas buenas obras. ¡Y no será un esfuerzo! No lo harás porque tienes que hacerlo. Ni tampoco para recibir algo a cambio. No, dar desde lo profundo de tu corazón será una alegría pura, motivada por tu amor puro hacia Dios, quien te ha dado muchísimo. El dar a otros nacerá de la pureza de tu corazón.

Piensa en nuestro Señor bondadoso y generoso. Cuando se movía entre la gente, siempre les extendía la mano, les enseñaba, ayudaba, alimentaba, sanaba y ministraba. Imagínate la esperanza en el corazón de la mujer que llevaba doce años enferma físicamente y que pensó: «Si al menos logro tocar su manto, quedaré sana» (Mt. 9:21, NVI)… y lo logró. ¡Y nuestro Jesús se deleitó en sanarla!

Piensa también en el padre frenético que le rogó a Jesús que sanara a su hijita moribunda, y nuestro Salvador —movido a compasión y lleno de misericordia— extendió su mano y la resucitó.

Y piensa en las multitudes hambrientas, que necesitaban alimento y Jesús les proveyó de una manera tan generosa y abundante ¡que sobró comida!

Mi querida amiga, simplemente no puedes superar a Dios. ¡Entonces, da cuanto puedas! Y, cuando des, ¡hazlo en actitud de oración y de una forma gloriosa, libre y amorosa! Dios honrará tu corazón generoso. Serás bendecida y bendecirás a otros.

Este proverbio es una oración que Dios te da para salvaguardar tu corazón de la avaricia hoy y todos los días:

> *No me des pobreza ni riquezas,*
> *sino solo el pan de cada día.*
> (Pr. 30:8, NVI)

29
Humíllate delante de Dios: Humildad

La soberbia del hombre le abate; pero al humilde de espíritu sustenta la honra.

Proverbios 29:23

Oración

Dios Padre, hoy te suplico que me ayudes a cultivar un corazón que anhele la humildad; un corazón que se deleite en pasar tiempo de rodillas delante de ti en alabanza, adoración y oración. Quiero caminar humildemente contigo, deseo humillarme bajo tu mano poderosa, confiando en que me exaltarás a su debido tiempo. Moldéame en una mujer que ame y sirva humildemente a otros; una mujer que se incline regularmente para orar por otros; una mujer que lleve el ejemplo de tu Hijo y la naturaleza humilde de mi Salvador en mi corazón. Amén.

Dios es fiel para enseñarnos sobre nuestras emociones humanas y me alegra muchísimo que lo haga, ¿no te parece? Sin duda, esas emociones pueden acercarse sigilosamente y asustarnos… o pueden llevarnos a una depresión profunda. Pero nuestro Señor fiel nos dice en su Palabra cómo lidiar con ellas, a su manera.

Igual que con otras emociones, el libro de Proverbios aborda frecuentemente los temas del orgullo y la humildad con mucha audacia. Escuché a un predicador contar este chiste en su sermón: «Podría decirles de las muchas ocasiones en que he demostrado gran humildad, pero por desgracia, si lo hago, ¡solo estaría revelando mi orgullo!». Entonces, ahora que vamos a hablar sobre la virtud y el rasgo de carácter de la humildad, permíteme contarte otra historia:

> El profesor Smith estaba escalando el Weisshorn, una montaña en los Alpes suizos. Ya cerca de la cima, el guía se hizo a un lado para permitirle al viajero el honor de llegar primero. Eufórico ante la vista, Smith se olvidó del intenso vendaval a su alrededor, saltó y se paró derecho en la cima. El guía lo arrastró hacia abajo, y le dijo: «De rodillas, señor; no está seguro aquí excepto sobre sus rodillas».[1]

Esta historia nos recuerda que nadie está exento de orgullo. Con cualquier éxito que disfrutemos, ya sea escalar montañas, obtener una buena educación, escribir libros o cualquier otro logro, el orgullo es una posibilidad muy real y una seria amenaza. Por lo tanto, con cada medida de éxito que tú y yo experimentamos, la única protección contra el orgullo es estar constantemente «de rodillas». Proverbios tiene mucho que enseñarnos sobre la batalla entre el orgullo y la humildad, y cómo vivir de rodillas en nuestros corazones y nuestras mentes.

Orgullo: el enemigo número uno de la humildad

El orgullo es un problema del corazón: «Los ojos altivos, el corazón orgulloso y la lámpara de los malvados son pecado»

---

1. William MacDonald, *Enjoying the Proverbs* (Kansas City, KS: Walterick Publishers, 1982), p. 155.

(Pr. 21:4, NVI). En esencia, el orgullo es una actitud del corazón y del espíritu, y cuando el orgullo comienza a crecer en el corazón (que es la sede del carácter de una persona), ¡el fracaso no está muy lejos! Nota cómo progresa la conducta pecaminosa que lleva al fracaso:

~ Primero, el corazón se vuelve altivo. El orgullo puede adoptar una arrogancia que se describe como «ojos altivos». Como muchos otros pecados de actitud, el orgullo no permanece en el interior. ¡Se nota hasta en los ojos! Como advierte Proverbios 18:12 (NVI): «Al fracaso lo precede la soberbia humana».

~ Luego, lo que hay en el corazón del individuo sale a la superficie y contamina su manera de hablar, y comienza a jactarse. Jesús señaló: «Pero lo que sale de la boca, del corazón sale; y esto contamina al hombre» (Mt. 15:18).

~ Y entonces llega el fracaso. En el Antiguo Testamento, «la lámpara» se usa para describir la vida de una persona, y en este versículo dice que es «malvado». El final de Proverbios 21:4 podría resumirse y parafrasearse: el estilo de vida del arrogante es malvado, y sus actitudes y acciones son pecaminosas.

Todos los días escuchamos y leemos sobre las enfermedades del corazón. Ingerimos alimentos saludables para tratar de mantener un nivel bajo de colesterol. Decidimos hacer ejercicios para poner a trabajar nuestro corazón, y mantenerlo fuerte y saludable. Y hasta tomamos medicamentos que prometen contrarrestar lo que comemos y la falta de ejercicios.

Sin embargo, descuidamos muy fácilmente la naturaleza espiritual de nuestros corazones. El principio —y el final— para la humildad verdadera es cuidar tu corazón. Y eso comienza con Jesús. Él nos dice: «aprendan de mí, pues yo soy apacible y humilde de corazón» (Mt. 11:29, nvi).

El orgullo socava la fe: «Orgulloso y arrogante, y famoso por insolente, es quien se comporta con desmedida soberbia» (Pr. 21:24, nvi). Proverbios 18:12 nos dice que el orgullo conduce al fracaso. ¿Qué tipo de fracaso? Proverbios 21:24 nos da la respuesta: una persona soberbia, a la larga, se convierte en «insolente»; pasa de ser orgullosa, a ser arrogante y llega a insolente. La persona soberbia pronto se convierte en burlona, y se mofa de los demás porque se cree superior a todo el mundo.[2] Sin embargo, el último paso para llegar a insolente es la consecuencia más seria de una persona soberbia porque revela su actitud hacia Dios. ¡Se burla y se mofa de Dios!

Los orgullosos líderes religiosos del tiempo de Jesús son un ejemplo perfecto de la progresión de orgulloso a insolente. Se burlaron de Jesús durante todo su ministerio, aun cuando colgaba moribundo de la cruz. Estos mismos líderes judíos se burlaron de la venida del Espíritu Santo. Se burlaron de los apóstoles cuando estos hablaron de Jesús como el Mesías. Y, más tarde, los filósofos griegos se burlaron cuando Pablo habló de Jesús y de la resurrección al presentarse ante su asamblea en Atenas. Y los orgullosos se siguen burlando hoy día cuando escuchan el mensaje del evangelio.[3]

Una persona orgullosa es insolente, soberbia y arrogante en su altivez. Dios no puede utilizar a una persona así. El salmista describe muy bien al orgulloso: «El malo, por la altivez de su rostro, no busca a Dios; no hay Dios en ninguno de sus pensamientos» (Sal. 10:4).

En cambio, las personas humildes se fortalecen en su fe en

---

2. Ver Proverbios 1:22; 9:8; 13:1; 15:12; 19:25.
3. Ver Juan 6:42; Mateo 27:39-40; Hechos 2:13; 4:17-18; 13:44; 17:1-34; 1 Corintios 2:14.

Dios. Ellos y ellas saben que necesitan un Salvador. Reconocen que la salvación es por gracia, no por mérito. Entienden que no merecen la salvación de Dios, así que, en humilde adoración, le dan crédito a Dios por todo lo que son y lo que tienen, y por todo lo que hacen y lo que harán por siempre.

¡Vaya llamada de alerta! El orgullo, en cualquiera de sus formas, es mortal. Tal vez por eso Proverbios nos habla tanto sobre el orgullo y la humildad. Si estás leyendo Proverbios todos los días, sin duda estás recibiendo diariamente una advertencia contra el orgullo, o una exhortación diaria para demostrar humildad. Proverbios nos ofrece dos caminos y, por ende, dos consecuencias.

No tengo que ir muy lejos en mi pensamiento para encontrar el ejemplo bíblico perfecto de una mujer con la actitud correcta. Su nombre era Ester. Ella comenzó como huérfana y terminó siendo la reina heroica del Imperio persa. De principio a fin en el libro que lleva su nombre, Ester fue una sierva humilde de otros. Ella buscó constantemente el consejo de otras personas. Leemos que ella se «ganaba el favor» de las personas que la conocían. En su libro sobre la vida de Ester, Charles Swindoll escribe esto sobre la humildad:

> Dios nunca nos ordena que «parezcamos» humildes. La humildad es una actitud, una actitud del corazón, una actitud de la mente. Es saber cuál es el lugar que nos corresponde… Es saber cuál es nuestro papel y cumplirlo para la gloria y la alabanza de Dios.[4]

Tenemos que odiar el orgullo: «Todos los que temen al Señor odiarán la maldad. Por eso odio el orgullo y la arrogancia, la corrupción y el lenguaje perverso» (Pr. 8:13, NTV). En este

---

4. Charles R. Swindoll, *Ester: una mujer de fortaleza y dignidad* (El Paso, TX: Casa Bautista de Publicaciones, 1999), p. 213.

versículo, la «sabiduría» está hablando otra vez. Y su mensaje es que los que desean obedecer a Dios —los que temen al Señor— odian la maldad. Dios también detesta el orgullo: « El Señor aborrece a los arrogantes» (Pr. 16:5, NVI). El orgullo es una de las «seis cosas que el Señor aborrece» (Pr. 6:16-17, NVI). El mensaje es claro: debemos detestar el orgullo y cualquier conducta en nosotras que lo exponga.

¿Te estás preguntando qué puedes hacer para aspirar a la humildad? Una estudiante universitaria me preguntó lo mismo. Y, créeme, fue un ejercicio excelente que me llevó a reflexionar en su pregunta y en las respuestas de la Biblia. Hace ya algún tiempo de esto, pero, en esencia, lo que le dije fue lo siguiente:

~ ¡Ora, ora, ora! Cuando oramos, postramos nuestro espíritu delante del Señor y pensamos en Él. Lo mismo sucede cuando nos acercamos a Él como nuestro Dios trino y santo. También nos humillamos cuando confesamos y enfrentamos nuestro pecado, cuando le alabamos y le adoramos, cuando le damos gracias por su bondad hacia nosotras, y cuando le pedimos humildemente algo que solo Él puede darnos o lograr. Hasta la postura al orar es un ejemplo de humildad. La mayoría de las personas inclinan sus cabezas, otras se arrodillan y algunas permanecen postradas.

~ Evita hablar de ti. En cambio, aleja tus pensamientos de tu persona y elévalos hacia Dios. Como tu atención está enfocada en el Señor, hablarás más de Él porque estás pensando en Él. Además, cuando decides hablar menos sobre ti, te sientes más despreocupada y estás más dispuesta a escuchar lo que la otra persona tiene que decir y aprendes más de ella. Puedes entablar una conversación sobre el Señor, y sobre los problemas y las necesidades de la otra persona.

~ Lee, especialmente la Palabra de Dios, pero también libros sobre cristianos que te han precedido. Aprende de su fe, de sus angustias, de sus victorias, de la manera en que Dios les fortaleció, les consoló y les proveyó lo que necesitaban. Lee sobre las pruebas y tribulaciones que vivieron los mártires por Cristo. Tengo varios libros que solo tratan del tema de los mártires que nos precedieron. ¡Es una gran lección de humildad solo leer sobre sus vidas y la sublime gracia del Señor!

El orgullo es un señuelo para la vida independiente. «Al fracaso lo precede la soberbia humana; a los honores los precede la humildad» (Pr. 18.12, NVI). La persona altiva y arrogante tiene un concepto tan inflado de sus capacidades que no desea ni necesita la opinión de nadie. No tienen ningún problema en usar a las personas, pero no necesitan que la gente les ayude.

Esta independencia arrogante cobra un sentido mucho más serio cuando esta persona orgullosa piensa que también puede vivir perfectamente sin Dios. Dependen de ellas mismas en lugar de Dios y, tarde o temprano, el resultado es el «fracaso».

Ocurre lo contrario con aquellos que reciben la presencia y la perspectiva de Dios en sus vidas. Como honran a Dios e intentan vivir humildemente, Él les honra. Cuando nuestros corazones están llenos con los pensamientos de Dios, no queda espacio para enfocarnos en nosotras. Cuando la obsesión de nuestros corazones es alabar y adorar a Dios, no queda ningún espacio disponible para hablar de nosotras. Con Dios en tu vida, no hay espacio para el orgullo porque su grandeza y plenitud te crean conciencia de tu ser débil, pecador y necesitado.

Para subir, tienes que bajar

«El orgullo termina en humillación, mientras que la humildad trae honra» (Pr. 29:23, NTV). El orgullo distorsiona la opinión que tenemos de nosotras mismas y de los demás. La persona orgullosa se cree «alguien» y, por ende, va por ahí exigiendo respeto. Sin embargo, el hombre o la mujer que se humilla y no exige ni demanda «nada», sorprendentemente recibe honra y bendición.

Dios se complace en invertir la forma en que pensamos naturalmente, tal como Jesús lo describe en este versículo: «Porque el que se enaltece será humillado, y el que se humilla será enaltecido» (Mt. 23:12). Piensa en estas personas y en las acciones que les definen como personas humildes. Nota también cómo fueron exaltadas:

Zaqueo «descendió» y encontró salvación (Lc. 19:6).

María Magdalena «se inclinó» y vio los ángeles (Jn. 20:11-12).

El leproso «se postró» y recibió sanidad (Lc. 5:12).

Pedro «cayó de rodillas» ante Jesús y fue humillado (Lc. 5:8).

María se «[sentó]» a los pies de Cristo y escuchó las palabras del Señor (Lc. 10:39).

Cristo «[dio su] vida» y así salvó a las ovejas (Jn. 10:15).[5]

---

5. M. R. DeHaan y Henry G. Bosch, editor y coautor, *Our Daily Bread—366 Devotional Meditations* (Grand Rapids, MI: Zondervan Publishing House, 1959), 29 de febrero.

Jesucristo «descendió» para salvarnos... y llevarnos al cielo. Por esa razón, hoy... y todos los días nos inclinamos ante Él. Sin duda, para subir tienes que bajar. Tenemos que inclinarnos para poder subir. Si no nos hemos perdido, no podemos ser encontrados. Si no somos pecadores, no podemos ser salvos. Y, aun cuando subamos al cielo, nos postraremos ante el trono.[6]

6. Ibíd.

◊abiduría de Dios…
para tu día

Las verdades que acabas de leer sobre la humildad son hermosas, exquisitas y muy conmovedoras. Pero, lamentablemente, en nuestra carne se está desatando una gran batalla. Sabemos que la humildad es la decisión correcta; sin embargo, muchas veces escogemos ser altivas, soberbias y arrogantes. ¿Cuál es el remedio para el orgullo? ¡Sigue leyendo!

Cada vez que nos demos cuenta de que el orgullo ha asomado su horrible rostro, tenemos que confesar y caer de rodillas… y mantenernos de rodillas. La mejor manera de evitar el orgullo es la oración constante.

Y, mientras estamos de rodillas, podemos dar el siguiente paso y pedirle a Dios que nos dé las fuerzas para evitar el orgullo, para vivir humildemente y para cultivar un corazón de humildad.

El orgullo es arrogante, pero la humildad es mansa y sumisa. Satanás es la manifestación del orgullo (ver Is. 14:12-14), pero Jesús fue ejemplo de humildad. El orgullo es agotador porque es una emoción fabricada por nosotras mismas, mientras que la humildad es una emoción creada por el Espíritu Santo.

El Señor Jesucristo es el máximo ejemplo de humildad y Él nos pide que sigamos sus pasos: «Carguen con mi yugo y aprendan de mí, pues yo soy apacible y humilde de corazón, y encontrarán descanso para su alma» (Mt. 11:29, nvi).

30

El conocimiento de Dios: El objetivo supremo

Ciertamente más rudo soy yo que ninguno, ni tengo entendimiento de hombre. Yo ni aprendí sabiduría, ni conozco la ciencia del Santo.

PROVERBIOS 30:2-3

Oración

Dios de grandeza inescrutable, hay algo que merece toda mi atención y que debe motivar mi mayor esfuerzo: conocerte y glorificarte con todo lo que hay en mi interior. Ayúdame a entender que no existe felicidad verdadera ni puedo cumplir tu propósito para mí, a menos que viva mi vida en y para tu Hijo y mi Salvador, el Señor Jesucristo. Condúceme a un mayor conocimiento del Santo. Amén.

Conforme nos acercamos a Proverbios 30, nos adentramos en aguas profundas… un capítulo que nos ayuda a descubrir verdades más profundas sobre Dios, el Santo, para que podamos vivir mejor nuestros días y nuestras vidas a su manera. J. I. Packer —autor del libro clásico *El conocimiento del Dios Santo*— escribe: «¿Qué meta más elevada, más exaltada y más arrolladora puede haber que la de conocer a Dios?».[1]

---

1. Cita en Internet.

Como hijas de Dios, estamos absolutamente de acuerdo. Aumentar nuestro conocimiento del Dios todopoderoso es lo que tú y yo buscamos cuando leemos diariamente Proverbios y toda la Biblia, una y otra vez. Oramos y cantamos: «Señor, quiero conocerte», y la Biblia es el único lugar donde encontramos información verdadera que aumenta nuestro conocimiento de Dios. Ese conocimiento mejora nuestra conducta diaria y aumenta la profundidad de nuestra adoración.

Necesitas mirar a lo alto para conocer a Dios

En este libro he compartido contigo mis versículos favoritos de cada capítulo de Proverbios. Espero que los hayas disfrutado y que hayas extraído sabiduría de ellos. No obstante, a partir de Proverbios 30 vamos a leer pasajes completos que componen un pensamiento clave. Y también conocerás a un escritor nuevo, Agur, a quien elogian, alaban, respetan y reconocen como un sabio que miraba a lo alto.[2]

Cuando lees los primeros nueve versículos de Proverbios 30 como una unidad, ¡te das cuenta de inmediato que son de valor incalculable! Son oro… puro oro. Y es así porque nos proporcionan información valiosa sobre cómo conocer más sobre Dios. Esto es de vital importancia para ti, para mí y para todos los creyentes porque nuestro conocimiento de Dios determina cómo vivimos nuestros días. ¿Por qué necesitamos conocer a Dios de una manera más profunda y precisa?

Para conocer a Dios, necesitas humildad: «Ciertamente más rudo soy yo que ninguno, ni tengo entendimiento de hombre. Yo ni aprendí sabiduría, ni conozco la ciencia del Santo» (Pr. 30:2-3). Aquí, usando la exageración, el autor humano de Proverbios 30 reconoce su incapacidad de pretender que tiene

---

2. Derek Kidner, *The Proverbs: An Introduction and Commentary* (Downers Grove, IL: InterVarsity Press, 1978), p. 178.

mucho o algún conocimiento sobre Dios. Está confesando su ignorancia con sinceridad y humildad.

Igual que el escritor de Proverbios 30, la mejor forma de comenzar tu día es reconociendo mentalmente —y aun arrodillada físicamente— tu incapacidad para entender la Persona de Dios. Confiesa tu falta de dedicación —o tu poca constancia— para perseguir tu objetivo supremo de tratar de conocer mejor a Dios. Proponte descubrir más sobre el Dios del cielo y de la tierra. Esto te ayudará a vivir tu día confiando en las capacidades y los recursos de Dios. Y, lo mejor de todo, te ayudará a vivir tu día mirando a lo alto.

Para conocer a Dios, necesitas un corazón sumiso: Agur hizo cinco preguntas. Mientras las lees, enfócate en las respuestas para cada una y en lo que te enseñan acerca de Dios:

> *¿Quién subió al cielo, y descendió?*
> *¿Quién encerró los vientos en sus puños?*
> *¿Quién ató las aguas en un paño?*
> *¿Quién afirmó todos los términos de la tierra?*
> *¿Cuál es su nombre, y el nombre de su hijo, si sabes?*
> (Pr. 30:4)

¡Esto es como leer una poesía! En realidad, es poesía bíblica, pero estos pensamientos y descripciones sublimes fueron escritas por Agur, «un hombre de fe que [era] un artista y un observador del carácter».[3]

Las preguntas del versículo 4 solo pueden tener una respuesta porque van más allá de la capacidad del lector —y del escritor— para responderlas de otra manera que no sea con una palabra: «¡Dios!».

El crecimiento espiritual en el conocimiento de Dios exige tres pasos:

---

3. Derek Kidner, *The Proverbs: An Introduction and Commentary* (Downers Grove, IL: InterVarsity Press, 1978), p. 178.

~ Entender y reconocer tu ignorancia de Dios.

~ Confesar tu orgullo en pensar que conoces a Dios, y

~ Comenzar a contemplar la magnitud del poder, la fuerza y los misterios de Dios.

Estas admisiones humildes y sumisas nos llevan de vuelta a Proverbios 1:7: «El principio de la sabiduría es el temor de Jehová». Cada día que vives mirando a lo alto, en temor y reverencia de Dios, en adoración y admiración de Él, y buscando aumentar tu conocimiento del Santo, será un día vivido para la gloria de Dios.

Para conocer a Dios, necesitas creer en su Palabra: «Toda palabra de Dios demuestra ser verdadera. Él es un escudo para todos los que buscan su protección» (Pr. 30:5, NTV). Este versículo nos ayuda a conocer a Dios porque nos revela dos hechos y verdades sobre Él:

—Verdad #1: Podemos confiar en Dios porque podemos confiar en su Palabra. Igual que un metal precioso que ha sido certificado y aprobado después de pasar por el fuego, la Palabra de Dios es verdadera. Es completamente infalible e indefectible; no tiene ningún error. Como escribió el salmista: «Las promesas del SEÑOR son puras como la plata refinada en el horno, purificada siete veces» (Sal. 12:6, NTV).

Siempre —el cien por cien del tiempo— puedes confiar en que lo que lees en la Biblia es una imagen precisa de Dios, de sus propósitos y de su voluntad para ti. Y porque la Biblia es todo esto y más, es una guía segura para tu vida diaria. Martín Lutero testificó: «La Biblia está viva, me habla; tiene pies, me persigue; tiene manos, me atrapa».[4]

---

4. Albert M. Wells, Jr., editor, *Inspiring Quotations—Contemporary & Classical* (Nashville, TN: Thomas Nelson Publishers, 1988), p. 15.

—Verdad #2: Siempre podemos confiar en Dios porque «Él es un escudo para todos los que buscan su protección». Podemos confiar en su protección, que es perfecta, total y completa. Como nos asegura otro proverbio: «En el temor de Jehová está la fuerte confianza» (14:26).

El papel de Dios en tu seguridad, protección y bienestar es ser tu escudo y mantenerte protegida. Tu papel es confiar en Él, acudir a Él, correr hacia Él y refugiarte en Él cuando estés en peligro o necesites protección. Como expresó con emoción el escritor del siglo xix, Charles Bridges: «Confianza bendita, ¡que ofrece un escudo de favor especial sobre su hijo tembloroso!… En todas las circunstancias, las de adentro y las de afuera, cuando tiemblo bajo los terrores de la ley, en la hora de la muerte, en el día del juicio… "tú eres… mi escudo"».

Luego Bridges concluye: «Nada honra a Dios como este recurrir a Él en todo momento de necesidad. Si existe descanso, confianza apacible y seguridad en cualquier lugar, es aquí. ¿En dónde más podría encontrarse?».[5]

No puedo pensar en Dios como mi escudo sin recordar automáticamente uno de mis salmos preferidos; uno que me repito casi todos los días: «Desde el cabo de la tierra clamaré a ti, cuando mi corazón desmayare. Llévame a la roca que es más alta que yo, porque tú has sido mi refugio, y torre fuerte delante del enemigo» (Sal. 61:2-3).

Para conocer a Dios, solo necesitas su Palabra: «No añadas nada a sus palabras, no sea que te reprenda y te exponga como a un mentiroso» (Pr. 30:6, nvi). ¿No te da seguridad el saber que la única fuente que necesitas para conocer a Dios es la Biblia? La Palabra de Dios es suficiente. Es su registro personal sobre quién Él es y todo lo que ha hecho —y hará— por ti y por su pueblo.

---

5. Charles Bridges, *A Modern Study in the Book of Proverbs*, revisado por George Santa (Milford, MI: Mott Media, 1978), pp. 703-704.

John Wesley escribió: «Todo el conocimiento que deseas lo encuentras en un libro: la Biblia», y Charles Wesley exhortó: «Sé una persona de un solo libro: el Libro». Estos dos gigantes de la fe se estaban refiriendo a la Biblia. Léela primero. Léela antes que nada. Y juzga cualquier otra cosa que leas y escuches sobre Dios, y sobre cómo vivir una vida cristiana a tenor de lo que la Biblia —el «Libro»— dice.

Conocer a Dios te da la confianza para acercarte a Él: «Dos cosas te he demandado; no me las niegues antes que muera...» (Pr. 30:7-9). ¿No te sorprende la forma en que Agur se dirige a Dios; que realmente le esté demandando a Dios que responda a sus peticiones? Según vayamos estudiando y aclarando estos tres versículos, ten presente que Agur pasaba sus días contemplando y cavilando en la soberanía de Dios y en la suficiencia de Él (Agur habla sobre esto en los versículos 1-6).

Como Agur conocía *algo* sobre Dios, se sintió seguro como para acercarse a Dios y pedirle dos cosas:

∼ Oró por un buen carácter: «Aleja de mí la falsedad y la mentira» (Pr. 30:8, NVI). Fíjate que Agur no oró pidiendo salud, riquezas ni poder. En cambio, oró de esta manera porque anhelaba la integridad y el carácter que reverencian a Dios. Y, además, sabía que necesitaba la fuerza para mantener esa integridad siempre que tuviera que enfrentar el engaño, las mentiras y las muchas tentaciones que se presentan en la vida diaria.

Agur nos da un consejo excelente a nosotras y a todos los creyentes sobre cómo desarrollar un carácter firme: debemos anhelar la integridad, orar por integridad y orar específicamente para evitar las tentaciones que provocan que nos desviemos de la santa voluntad de Dios. Podemos comenzar orando las palabras de Jesús: «Padre nuestro que estás en los cielos... no nos metas en tentación, mas líbranos del mal» (Mt. 6:9, 13).

~ Oró por circunstancias que no pusieran en peligro su buen carácter: «No me des pobreza ni riquezas» (Pr. 30:8). Agur sabía que los dos extremos, el «no tener lo suficiente» y el «tener más que suficiente», pueden llevarnos a pecar.

Por ejemplo, es posible que sepas por experiencia lo que se siente por no tener lo suficiente, y esto presenta su propia serie de tentaciones. Puedes ser tentada a robar o mentir para tener suficiente, y esto deshonra a Dios. También, cuando piensas que no tienes suficiente, puede tentarte la idea de difamar a Dios y cuestionarte: «¿Dónde está Dios cuando lo necesito? ¿Acaso no ve que no tenemos suficiente? ¿Por qué nos niega su ayuda? ¿Será que no le importamos?».

La otra tentación llega cuando tenemos demasiado. Si tenemos más de lo necesario, es muy fácil que disminuya nuestra pasión por Dios y nuestra dependencia en Él para proveernos. Podemos ser tentadas a pecar olvidándonos de nuestra necesidad de Dios. Y podemos cometer el pecado del orgullo y atribuyéndonos el mérito por nuestra prosperidad y nuestra capacidad personal para suplir nuestras necesidades sin la ayuda de Dios.

Como Agur, cuando conoces a Dios más profundamente, anhelas esa integridad piadosa y la fuerza para mantener esa integridad… aun cuando enfrentas las tentaciones de la vida cotidiana.

Imágenes verbales

Los primeros nueve versículos de Proverbios 30 están repletos «del extenso y omnipresente conocimiento y poder de Dios».[6]

_____

6. Robert Jamieson, A. R. Fausset y David Brown, editores, *Commentary on the Whole Bible* (Grand Rapids, MI: Zondervan Publishing House, 1971), p. 473.

Sin embargo, como descubriste al principio de este capítulo, Agur era «un hombre de fe que [era] un artista y un observador del carácter». En lo que resta del capítulo 30, él observa y «pinta» imágenes vistosas de:

> la necesidad de justicia para los marginados (v. 10)
> la fealdad de la arrogancia (vv. 11-14)
> la naturaleza del ansia interminable (vv. 15-17)
> las personas, los animales o las cosas
>   que representan todo, desde lo que es
>   insoportable hasta lo majestuoso (vv. 16-31)
> el llamado final a la humildad (vv. 32-33).

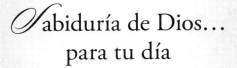

*S*abiduría de Dios... para tu día

¡Proverbios 30 nos da muchísimo en qué pensar! ¡Tanto para tratar de entender! ¡Tantísimas razones para adorar al Santo! ¡Tantas verdades sobre Dios que podemos aprender y atesorar en nuestros corazones!

¿Cómo tú y yo podemos aspirar a alcanzar el objetivo máximo de conocer a Dios? Hagamos lo que nos enseña Proverbios 30:

> Dependamos completamente de la Palabra de Dios.
> Escudriñemos diariamente la Palabra de Dios.
> Dependamos del escudo de Dios para protección.
> Acerquémonos a Dios por medio de la oración.
> Vivamos humildemente delante de Dios.

Pensemos ahora en Proverbios 30. Este capítulo comenzó con quejas debido a la ignorancia y una falta de conocimiento de Dios. Luego, empezó a moverse con paso seguro hacia el objetivo máximo de conocer a Dios y de reflexionar en su majestad, su grandeza y el conocimiento del Santo.

Según vayas leyendo el final de este capítulo, fíjate cómo Agur se va *alejando* de sus quejas y protestas, y se va *acercando* a una mayor comprensión de las verdades del Dios todopoderoso. Luego, disfruta del resumen del «cuadro completo» que nos presenta este escritor devocional:

> Agur se sentía abrumado, insignificante y apocado. Pero, cuando se alejó de su pequeñez para contemplar la grandeza de Dios, entonces una atmósfera de confianza llenó el resto del capítulo. Él comenzó con una imagen pequeña, no más grande que él mismo, pero pronto miró el cuadro completo y se olvidó de que se sentía fatigado y agotado. Dios le dio un punto de vista nuevo y refrescante.[7]

¡Adopta este hábito y esta costumbre! No te enfoques en lo insignificante. Aleja tu vista de ti y maravíllate en el «cuadro completo»… ¡Dios!

---

7. Neil S. Wilson, *The One Year Book of Proverbs* (Wheaton, IL: Tyndale House Publishers, Inc., 2002), 30 de enero.

31

Hermosa a los ojos de Dios: Excelencia

Engañoso es el encanto y pasajera la belleza; la mujer que teme al Señor es digna de alabanza.

Proverbios 31:30 (NVI)

Oración

¡Oh, Dios inmutable!, eres el mismo ayer, hoy y para siempre. Como eras al principio, sigues siendo ahora y lo serás por toda la eternidad. La excelencia te describe en todo. Permite que yo también viva una vida que aspire siempre a la excelencia en todo. Permite que hoy mis decisiones, mis acciones y mis pensamientos sean los de una mujer que teme al Señor. ¡Que pueda hoy honrar y respetar tu santo nombre! Amén.

Me sentí privilegiada de poder acompañar a mi esposo en un viaje de estudio de tres semanas por Tierra Santa. Sin embargo, a mitad de nuestro recorrido comencé a cuestionarme seriamente: «¿En qué estaba pensando?». Estaba parada cerca de la orilla del Mar Muerto en Israel; la base para nuestro próximo tema de estudio: Masada, una fortaleza natural gigantesca. Por poco me caigo para atrás cuando miré hacia arriba, y más arriba… ¡y más arriba! Aquel camino empinado me llevaría 4.000 metros —en línea recta— ¡hasta la cima!

Bueno, gracias a Dios, llegué a la cima… ¡solo para luego tener que bajar otra vez! Aquella subida fue tan memorable que escribí sobre ella en mi libro *Hermosa a los ojos de Dios.*[1] Utilicé aquella subida extenuante como un ejemplo de la meta y la asignación perenne que Dios nos presenta como mujeres para que procuremos alcanzar las muchas virtudes de la mujer ejemplar descritas en Proverbios 31:10-31.

Un capítulo con dos retratos

Proverbios 31, el último capítulo de Proverbios —el libro de la sabiduría de Dios—, es para mí un consuelo y también un reto. Me ha reconfortado desde la primera vez que lo leí porque me encamina por una senda segura como mujer. Había vivido en medio de una gran confusión hasta que me di cuenta de que Dios —sí, Dios— me estaba diciendo exactamente cómo debo vivir en estos treinta y un versículos. Todavía, a día de hoy, cuando me levanto sé cómo Dios quiere que enfrente mi día… y mi vida. Conozco mis prioridades… las prioridades, el ejemplo y la instrucción que Él me ofrece en Proverbios 31.

¡Ah, y también el reto! Siempre estaba buscando algo —¡cualquier cosa!— que me trajera alegría y satisfacción. Que me diera un propósito, algo que tuviera sentido. Sin embargo, todos los remedios y el sentido de novedad que me atraían eran fugaces. Quizás mi más reciente aventura era divertida y producía mi siguiente emoción. Pero cuando descubrí lo que Dios quería de mí y para mí, supe que por su gracia podía marcar una diferencia cada día si obedecía el plan de Dios y hacía lo que Él me pedía.

Proverbios 31 pone en nuestras manos un cuadro maravilloso.

---

1. Elizabeth George, *Hermosa a los ojos de Dios* (Miami, FL: Editorial Patmos, 2009).

El retrato del corazón de una madre: retrocede en el tiempo y escucha a escondidas una conversación íntima entre una madre sabia y su joven hijo. El versículo 1 (NVI) comienza diciéndonos algunas cosas sobre el autor y el mensajero: «Los dichos del rey Lemuel. Oráculo mediante el cual su madre lo instruyó». Aquí vemos el cuadro de una mamá piadosa que impartió la sabiduría que sigue a su hijo joven. Ella le está enseñando los principios de una conducta recta en un hombre, y del liderazgo justo en un rey (vv. 2-9). Está preparando con dedicación a su amado hijo —y joven príncipe— para gobernar como un rey bueno y justo… un rey con carácter piadoso.

He aquí un breve bosquejo de lo que la madre de este futuro rey le enseñó a su hijo.

~ Su hijo era de gran estima para ella. Él era el «hijo de [su] vientre» («hijo» se repite tres veces), y el «hijo de [sus] deseos»; un hijo que había sido dedicado al Señor. Necesitamos decirles a nuestros hijos y nuestras hijas que son de gran estima y que les amamos de todo corazón.

~ Su hijo, el futuro rey, no debía involucrarse en inmoralidad, ni tener múltiples esposas, ni descuidar o distraerse en su papel como gobernador del pueblo. Necesitamos instruir, advertir y exhortar a nuestros hijos y nuestras hijas sobre las consecuencias de desviarse del perfecto plan de Dios para el matrimonio.

~ Su hijo, el futuro rey, no debía abusar ni entregarse al alcohol. La bebida no era para «los reyes… ni… los gobernantes» (NVI). Necesitamos educar a nuestros hijos y nuestras hijas sobre las consecuencias desastrosas del abuso del alcohol. Para un rey o un gobernante, la embriaguez podía causar que se olvidaran de la ley que habían ordenado y desvirtuar su razonamiento y sus juicios.

~ Su hijo, el futuro rey, debía ser un juez justo, y velar y defender las preocupaciones y los derechos de los pobres y los desvalidos. En su ley, Dios afirma claramente su compasión por los pobres, y debemos enseñar a nuestros hijos y nuestras hijas a tener esa misma compasión.

Esta madre tomó muy en serio la ley de Dios e hizo tal como Dios instruye en Deuteronomio 6:5-7:

> *Y amarás a Jehová tu Dios de todo tu corazón, y de toda tu alma, y con todas tus fuerzas. Y estas palabras que yo te mando hoy, estarán sobre tu corazón; y las repetirás a tus hijos, y hablarás de ellas estando en tu casa, y andando por el camino, y al acostarte, y cuando te levantes.*

La mamá del rey Lemuel le enseñó a su hijo las normas de Dios y las virtudes piadosas que necesitaría en la vida. Le enseñó cómo ser un hombre de Dios y un líder para el pueblo de Dios. Si eres mamá, ese es también tu llamado. Llena tu corazón con las cosas de Dios. Y entonces, de ese corazón lleno, educa a tus hijos y a tus hijas. De hecho, «el corazón de una madre es el aula del hijo».[2]

En los versículos 10-31 esta madre sabia continúa enseñando e instruyendo a su hijo joven. En estos versículos, ella

---

2. M. R. DeHaan y Henry C. Bosch, editor y coautor, *Our Daily Bread*, citando a Henry Ward Beecher (Grand Rapids, MI: Zondervan, 1959), 8 de mayo.

le describe a su hijo, que próximamente sería rey, el tipo de esposa que debía buscar. Él debía buscar y casarse con una mujer de carácter ejemplar, una mujer cuyo corazón fuera, en efecto, un tesoro poco común: «Mujer ejemplar, ¿dónde se hallará? ¡Es más valiosa que las piedras preciosas!» (v. 10, NVI).

Tal vez porque su hijo era todavía pequeño, esta mamá astuta organizó las cualidades de la «esposa ejemplar» usando el alfabeto hebreo. Este tipo de orden ABC podía aprenderse rápido, memorizarse fácilmente, recitarse regularmente, era imposible de olvidar y, por lo tanto, quedaría grabado permanentemente en el corazón de su muchacho.

Disfruta la cima de Proverbios 31:10-31

Ya les conté que sí llegué a la cima de Masada. Y, ¡alabado sea Dios!, por su gracia también terminé el libro que estaba investigando y escribiendo sobre Proverbios 31… ¡todas y cada una de sus 254 páginas! Tengo que decir que la sabiduría, las imágenes verbales y las descripciones de la mujer de Proverbios 31 me han guiado desde la primera vez que leí todo el libro de Proverbios hace ya muchos años. Me estremezco al pensar: «¿Y si hubiera dejado de leer Proverbios a la mitad… y no hubiera llegado hasta el final? ¿Y si nunca hubiera leído este último capítulo de Proverbios que habla sobre los muchos rasgos de carácter ejemplares que Dios quiere ver desarrollados en mí y en todas sus mujeres?».

Yo era como el hijo joven al que su mamá estaba enseñándole las lecciones registradas en Proverbios 31. Como aquel niño, yo no sabía casi nada sobre la Biblia. Me había criado durante el movimiento de la liberación femenina, y había seguido sus ideas desafiantes y rebeldes sobre los roles de la mujer en la vida. Cuando terminé de leer los veintidós versículos que describían lo que es y hace una «mujer ejemplar», desapareció una gran carga de mi alma. Me sentí como si estuviera parada en la cima de Masada, con un panorama claro y extenso de cómo Dios quería que viviera cada día de mi vida. ¡Al fin tenía dirección! Tenía la inmutable Palabra de Dios. Tenía la verdad. Y, en la mujer ejemplar de Proverbios 31, ¡tenía un ejemplo y un modelo de por vida!

¿Qué hace «ejemplar» o «virtuosa» a una mujer?

Una de las muchas contribuciones notables de la mujer de Proverbios 31 fue el liderazgo que mostró en su hogar. Aunque estaba casada con un líder de la comunidad, tenemos la fuerte impresión de que ella administraba el hogar y tomaba muchas de las decisiones importantes referentes al bienestar de su familia. No cabe duda de que su esposo era un hombre de poder, ¡pero esta mujer era «el poder detrás del hombre»! Él atendía los asuntos que regían la ciudad, mientras que ella se hacía cargo de los asuntos que regían el hogar.

¿Qué hace tan especial a esta mujer? En una palabra: «carácter». Este libro, *Proverbios para el corazón de la mujer*, de principio a fin, ha tratado el tema del carácter. De las virtudes. De las virtudes que Dios desea, enaltece y espera en sus mujeres. ¡Simplemente mira la página de Contenido y mira la lista! Aquí, en Proverbios 31 todos los rasgos positivos de carácter que hemos visto a lo largo del libro de Proverbios parecen encontrarse en esta mujer ejemplar: la mujer de Proverbios 31. Ella no es solamente una madre ejemplar, sino también:

Una mujer ejemplar

~ Ella trabaja diligentemente: ella «gustosa trabaja con sus manos» y «con una mano sostiene el huso y con la otra tuerce el hilo» (vv. 13, 19, NVI).

~ Ella cuida de su hogar: «Está atenta a la marcha de su hogar, y el pan que come no es fruto del ocio» (v. 27, NVI).

~ Ella se comporta adecuadamente: «Se reviste de fuerza y dignidad, y afronta segura el porvenir» (v. 25, NVI).

Una esposa ejemplar

~ Ella busca el bien de su esposo: «Ella le es fuente de bien, no de mal, todos los días de su vida» (v. 12, NVI).

~ Ella tiene la confianza de su esposo: «Su esposo confía plenamente en ella» (v. 11, NVI).

~ Ella complementa la posición de su esposo: «Su esposo es respetado en la comunidad; ocupa un puesto entre las autoridades del lugar» (v. 23, NVI).

Una ama de casa ejemplar

~ Ella viste regiamente a su familia: «su familia está vestida de ropas dobles» (v. 21).

~ Ella cuida de su familia: «da de comer a su familia» y «está atenta a la marcha de su hogar» (vv. 15, NVI).

~ Ella compra sabiamente: «trae su pan de lejos» (v. 14).

Una mujer de negocios ejemplar

~ Ella es creativa: «Confecciona ropa de lino y la vende» (v. 24, NVI).

~ Ella establece contactos con otros: «provee cinturones a los comerciantes» (v. 24, NVI).

~ Ella se siente segura en lo que hace: «Se complace en la prosperidad de sus negocios» (v. 18, NVI).

~ Ella tiene un plan y un sueño: «Calcula el valor de un campo y lo compra; con sus ganancias planta un viñedo» (v. 16, NVI).

Una vecina ejemplar

⌒ Ella ayuda a los pobres: «tiende la mano al pobre» (v. 20, nvi).

⌒ Ella ayuda a los necesitados: con su mano «sostiene al necesitado» (v. 20, nvi).

⌒ Ella habla con sabiduría y con amor: «Cuando habla, lo hace con sabiduría; cuando instruye, lo hace con amor» (v. 26, nvi).

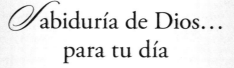

Sabiduría de Dios... para tu día

Con frecuencia, la cultura de hoy día desprecia a la mujer maravillosa que se describe en estos 22 versículos. Satanás y el mundo caído han pintado a esta mujer noble, que es hermosa a los ojos de Dios, como algo anticuada, ridícula y digno de risa. Lee otra vez Proverbios 31, con actitud de oración. Pídele a Dios, el Señor de toda sabiduría, que te muestre lo que vale esta mujer. Vuelve a mirar la belleza deslumbrante y real de ella. Asómbrate ante el retrato hermoso de esta mujer exquisita. Dios la puso aquí de por vida para que siempre tengas un ejemplo de lo que Él quiere que vivas y darte un ejemplo de lo que es hermoso a sus ojos.

Ya, para terminar con el versículo 31 (NVI), vemos su recompensa: «¡Sean reconocidos sus logros, y públicamente alabadas sus obras!».

Igual que tú, esta mujer tenía un papel que desempeñar entre su gente y bendijo a su comunidad. Ella vendía los artículos que confeccionaba a mano para traer dinero al hogar, y sembraba y atendía los viñedos que compraba con el dinero que ganaba y ahorraba. Sin duda, era toda una mujer de negocios.

Un mensaje clave que es alto y claro en Proverbios 31:10-31 es que el carácter es crucial. La excelencia es resultado del carácter, y el carácter se alimenta todos los días y con cada decisión que tomamos.

Otro mensaje clave que nos envía esta mujer extraordinaria a través de los siglos es este: en tu casa —ya sea una mansión, un apartamento, una choza de barro en un campo misionero o un vehículo recreativo— ninguna tarea es irrelevante o ningún proyecto tan pequeño que no merezca tu atención. El mundo puede burlarse o reírse de la mujer de Proverbios 31, pero eso no importa porque su alabanza verdadera proviene de Dios. ¿Y acaso no es esa la alabanza que anhelas? En lugar de preocuparte por lo que el mundo piensa que es importante, enfócate en ese lugarcito llamado hogar. Entonces tú —como mujer ejemplar de Dios— serás alabada por…

> …tus méritos: «¡Es más valiosa que las piedras preciosas!» (v. 10, NVI).

> …tu devoción: «Sus hijos se levantan y la felicitan; también su esposo la alaba« (v. 28, NVI).

> …tu reputación: «tú las superas a todas» (v. 29, NVI).

> …tu fuerza: «Fuerza y honor son su vestidura« (v. 5).

> …tu devoción por Dios: «la mujer que teme al SEÑOR es digna de alabanza» (v. 30, NVI).

Cuando Matthew Henry concluyó su comentario devocional sobre Proverbios 31, escribió hermosamente en el lenguaje de su tiempo: «De esta manera llega a su conclusión este espejo para mujeres, en el cual se espera que puedan ver cómo adornarse y, si lo hacen así, su atavío será para alabanza, honor y gloria, en la venida de nuestro Señor Jesucristo».[3]

---

3. Matthew Henry, *Commentary on the Whole Bible* (Peabody, MA: Hendrickson Publishers, Inc., 1991), p. 1027.

Cómo sacar el máximo provecho de Proverbios

Cuando era una adolescente en la escuela secundaria, me encantaba la literatura inglesa y leer poesías. En mis clases aprendí que el fundamento de la poesía inglesa es la rima y la métrica. Pero, cuando empecé a leer Proverbios, me di cuenta que este no era el mismo tipo de poesía del que había aprendido en la escuela. La poesía inglesa se compone de sonetos o muchos grupos de versos largos. Sin embargo, Proverbios está compuesto principalmente de declaraciones cortas y concisas que nos ofrecen la sabiduría y las reglas de Dios para la vida de una manera rápida y en unas pocas palabras memorables.

La estructura de los Proverbios

A continuación te presento algo de información técnica que te ayudará a entender los proverbios que lees para que puedas sacar el máximo provecho de ellos. Como Proverbios es poesía hebrea antigua, su atractivo no depende de la rima; más bien, depende del paralelismo. En el libro de Proverbios encontramos seis tipos de paralelismos. Una vez aprendí a reconocer estas estructuras distintas, ¡mi comprensión dio un gran paso adelante! Los «acertijos» en Proverbios se hicieron más claros.

~ El proverbio sinónimo: la primera línea presenta una declaración y esa idea se repite en la segunda línea; en esencia, ambas líneas dicen lo mismo. Por lo general, la segunda línea comienza con «y», como en Proverbios 1:5 y 11:25:

> *Oirá el sabio, y aumentará el saber,*
> *Y el entendido adquirirá consejo.*

> *El alma generosa será prosperada;*
> *Y el que saciare, él también será saciado.*

~ El proverbio antitético: la primera línea presenta una declaración positiva y la segunda línea presenta la declaración negativa u opuesta. Por lo general, la segunda línea comienza con «pero» o «mas», como en Proverbios 3:33 y 10:7:

> *La maldición de Jehová está en la casa del impío,*
> *Pero bendecirá la morada de los justos.*

> *La memoria del justo será bendita;*
> *Mas el nombre de los impíos se pudrirá.*

~ El proverbio sintético: la primera línea presenta un tema, y la segunda línea presenta información adicional sobre el mismo tema. La segunda línea puede incluir o comenzar con «y», como en Proverbios 10:18 y 9:13:

> *El que encubre el odio es de labios mentirosos;*
> *Y el que propaga calumnia es necio.*

> *La mujer insensata es alborotadora;*
> *Es simple e ignorante.*

~ El proverbio íntegro: la primera línea presenta una idea y la segunda línea la completa. Por ejemplo, en Proverbios 22:6 lees:

> *Instruye al niño en su camino,*
> *Y aun cuando fuere viejo no se apartará de él.*

~ El proverbio parabólico: la primera línea comienza con una imagen verbal gráfica referente a la vida común, y la segunda línea presenta una analogía relacionada con esta; como en Proverbios 11:22 y 25:3:

> *Como zarcillo de oro en el hocico de un cerdo*
> *Es la mujer hermosa y apartada de razón.*

> *Para la altura de los cielos, y para la profundidad*
>   *de la tierra,*
> *Y para el corazón de los reyes, no hay investigación.*

~ El proverbio comparativo: la primera línea presenta una declaración o idea que luego se compara con una segunda declaración. A muchos proverbios comparativos se les conoce con frecuencia como los proverbios «más que» o «mejor que», como en Proverbios 12:9 y 15:16:

> *Más vale el despreciado que tiene servidores,*
> *Que el que se jacta, y carece de pan.*

> *Mejor es lo poco con el temor de Jehová,*
> *Que el gran tesoro donde hay turbación.*

Dos estructuras adicionales de Proverbios

Por lo general, a los lectores les encantan estos dos tipos de proverbios adicionales, pues les ofrecen una forma sencilla de recordar las instrucciones que les presenta el proverbio.

~ El proverbio numérico: este es un grupo o sección de proverbios que comienzan con números y por eso se les identifica de esta manera: «Seis cosas aborrece Jehová», como vemos en Proverbios 6:16-19. En el caso de Proverbios 30:15-31, el número de comparaciones cambia de dos: «La sanguijuela tiene dos hijas», a tres: «Tres cosas hay que nunca se sacian», y a cuatro: «Cuatro cosas son de las más pequeñas de la tierra».

~ El proverbio acróstico: Proverbios 31:10-31 es un grupo o sección acróstica de proverbios al que se le llama «la mujer virtuosa» o «la mujer ejemplar». Cada uno de los 22 versos comienza con una letra sucesiva del alfabeto hebreo.

Apéndice 2

Los autores y un bosquejo de Proverbios

Como Proverbios 1:1 dice: «Los proverbios de Salomón, hijo de David, rey de Israel», los lectores por lo general asumen que el libro de Proverbios fue escrito por un autor: Salomón. En realidad, hay varios autores. Además de Salomón, que escribió la mayoría de los proverbios, tenemos también:

> Los dichos y «las palabras de los sabios» (22:17–24:34),
> las «palabras de Agur» (capítulo 30), y
> las «palabras del rey Lemuel» (capítulo 31).

¿Quién era Salomón? Era el rey más sabio, más rico y más estimado de su tiempo. Dios usó a Salomón para terminar la construcción del templo y como un juez justo del pueblo. Como el hijo de David (quien fue un hombre conforme al corazón de Dios; Hch. 13:22), Salomón tenía mucho que decir porque Dios lo bendijo con sabiduría cuando este le pidió sabiduría en lugar de riquezas y honor (2 Cr. 1:10). La Biblia dice que Salomón compuso tres mil proverbios (1 R. 4:32), pero no hay constancia escrita de todos ellos en el libro de Proverbios.

En un sentido técnico, Dios mismo es el autor divino de todos los proverbios en el libro de Proverbios… y de toda la Biblia. Dios susurró todos y cada uno de los muchos proverbios maravillosos e instructivos, y las palabras de sabiduría que componen este libro de sabiduría de incalculable valor inspirado por Dios (2 Ti. 3:16) usando a Salomón y a otros.

Un bosquejo estructural de Proverbios

Primera parte: las virtudes de la sabiduría (Proverbios 1–9)

Estos capítulos discuten ampliamente el tema de la «Sabiduría», usando la imagen de un padre que exalta las virtudes de la sabiduría y que reta a su hijo a vivir una vida de sabiduría. Estos proverbios tienen la forma de un discurso educativo.

Segunda parte: los proverbios de Salomón (Proverbios 10:1–22:16)

Esta sección contiene 375 proverbios comparativos (10:1–15:33) y proverbios sinónimos (16:1–22:16) que se atribuyen a Salomón. Esta sección es lo que la mayoría de las personas tiene en mente cuando piensan en Proverbios: dos líneas paralelas de versos que se contrastan entre sí o están de acuerdo entre ellas.

Tercera parte: las palabras de los sabios (Proverbios 22:17–24:34)

Esta sección contiene los proverbios de «los sabios» o los treinta dichos de los sabios. El estilo de esta sección regresa a la estructura de los capítulos 1–9, que era un discurso educativo.

Cuarta parte: los proverbios que copiaron los varones de Ezequías (Proverbios 25:1–29:27)

Estos son también proverbios de Salomón, que fueron copiados por el buen rey Ezequías, 300 años después de la muerte de Salomón. Igual que los primeros proverbios de Salomón, estos son proverbios paralelos de dos líneas.

Quinta parte: las palabras de Agur (Proverbios 30)

Como Agur y su padre, Jaqué, son desconocidos, algunos traductores sugieren que no eran realmente individuos, sino que pudiera traducirse como «recaudador» o «recolector» de proverbios.[1] Este capítulo se parece más al libro de Eclesiastés que cualquiera otra de las secciones de Proverbios. Las palabras son dichos siniestros, que nacen de la angustia y el abatimiento, y que presentan más preguntas que respuestas.[2]

Sexta parte: las palabras de Lemuel (Proverbios 31:1-9)

Como en el caso de Agur, no tenemos ningún conocimiento sobre el rey Lemuel. Pero sí tenemos las preocupaciones y la instrucción que una madre piadosa pasó a su hijo. Ella advierte a su hijo sobre dos vicios: el sexo ilícito y el abuso del alcohol.

Séptima parte: la imagen de la mujer virtuosa o ejemplar (Proverbios 31:10-31)

Es posible que esta sección haya sido escrita por Lemuel o podría ser un apéndice o un epílogo anónimo para el libro de Proverbios. Es un acróstico alfabético, que significa que sus 22 versículos comienzan con una letra consecutiva del alfabeto hebreo. Los 22 versículos son como perlas entrelazadas que producen un hermoso collar de gracia y belleza. (Para un análisis más detallado de estos versículos, ver *Hermosa a los ojos de Dios*[3] y *Proverbios 31: Descubre los tesoros de una mujer virtuosa*[4]).

---

1. Robert L. Alden, Proverbs: *A Commentary on an Ancient Book of Timeless Advice* (Grand Rapids, MI: Baker Book House, 1990), p. 207.

2. Ibíd.

3. Elizabeth George, *Hermosa a los ojos de Dios* (Miami, FL: Editorial Patmos, 2009).

4. Elizabeth George, *Proverbios 31: Descubre los tesoros de una mujer virtuosa* (Grand Rapids, MI: Editorial Portavoz, 2010).

ELIZABETH GEORGE

Una Mujer que ora por su ESPOSO

Orar las Escrituras es especialmente poderoso porque estás orando lo que Dios desea para tu esposo. Al orar así traerás una profunda unidad en tu relación matrimonial, estarás más consciente de la obra de Dios en la vida de tu esposo y le dará a él una firme confianza de que estás de su lado. Al acercarte a Dios, acercarás a tu esposo también. El hábito de pedirle a Dios por dirección en la vida de tu pareja los animará y los enriquecerá espiritualmente.

¡Descubre las riquezas de la gracia de Dios en tu vida!

La *Biblia de la mujer conforme al corazón de Dios* es una Biblia que te informa e instruye, te inspira y edifica, y te deleita y ayuda cada día. Entre sus herramientas de estudio, la Biblia incluye introducciones a los libros de la Biblia, 172 biografías de las principales mujeres y hombres de la Biblia, 25 artículos de sabiduría y 400 perlas de sabiduría, lecturas devocionales diarias, lecciones para la mujer de hoy y más.

Disponible en tapa dura y dos ediciones de lujo.

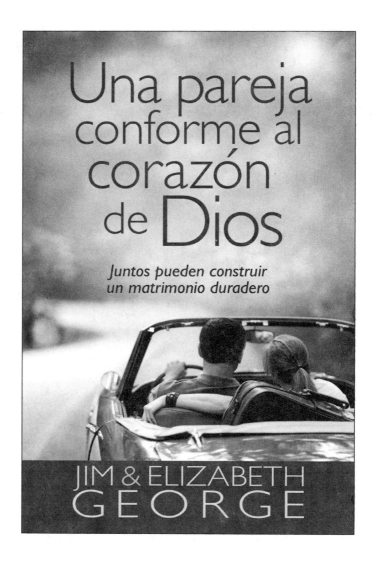

Una pareja conforme al corazón de Dios

Juntos pueden construir un matrimonio duradero

JIM & ELIZABETH GEORGE

Jim y Elizabeth unen esfuerzos para compartir su sabiduría y experiencia de más de 40 años de vida marital a fin de ayudar a las parejas a acercarse más el uno al otro y a Dios. Los cónyuges descubrirán cómo enriquecer sus matrimonios. Al observar las fortalezas y debilidades de parejas de la Biblia como Abraham y Sara, Booz y Rut, José y María, y otras, aprenderán a conocer los elementos esenciales necesarios para disfrutar de una vida emocionante juntos y desarrollar mejores formas de comunicarse y tomar decisiones sólidas.

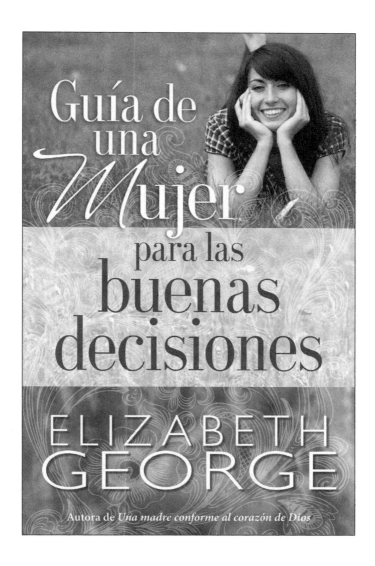

Cada 24 horas, las mujeres tienen que tomar cientos de decisiones. ¿Qué estrategias pueden utilizar para tomar las mejores decisiones en medio de los problemas y los retos cotidianos? ¿Cómo pueden aprovechar bien el tiempo y sentirse satisfechas con los resultados al final del día?

Después de hacerse estas mismas preguntas durante años, Elizabeth ha elaborado un proceso claro y práctico para tomar las mejores decisiones posibles.

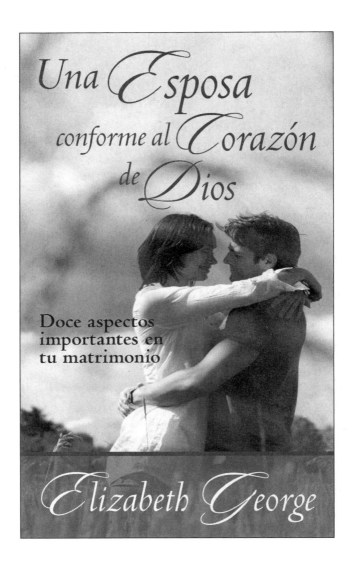

Elizabeth George explica el secreto de la felicidad conyugal, el diseño de Dios para que una esposa ame a su esposo, aunque tenga defectos. Este libro proporciona valiosas ideas en importantes aspectos del matrimonio. Entre otros explica qué significa ser la ayuda idónea del esposo, y qué es y qué no es la sumisión.

Una **Madre**
conforme al corazón de
Dios

10 maneras de mostrarle amor a sus hijos

Elizabeth George

Autora de: *Una esposa conforme al corazón de Dios*

Toda mamá desea criar hijos que sean felices, que tengan éxito en sus vidas espirituales y que sean siervos fieles de Dios. Pero en estos días de horarios llenos de deportes, tareas de la escuela, juegos electrónicos y la internet, esto puede ser un reto. Con sabiduría, la autora ofrece ideas valiosas para que las madres cristianas puedan nutrir a sus hijos de cualquier edad en el Señor.

EDITORIAL
PORTAVOZ

NUESTRA VISIÓN

Maximizar el efecto de recursos cristianos de calidad que transforman vidas.

NUESTRA MISIÓN

Desarrollar y distribuir productos de calidad —con integridad y excelencia—, desde una perspectiva bíblica y confiable, que animen a las personas a conocer y servir a Jesucristo.

NUESTROS VALORES

Nuestros valores se encuentran fundamentados en la Biblia, fuente de toda verdad para hoy y para siempre. Nosotros ponemos en práctica estas verdades bíblicas como fundamento para las decisiones, normas y productos de nuestra compañía.

Valoramos la excelencia y la calidad
Valoramos la integridad y la confianza
Valoramos el mérito y la dignidad de los individuos
   y las relaciones
Valoramos el servicio
Valoramos la administración de los recursos

Para más información acerca de nuestra editorial y los productos que publicamos visite nuestra página en la red: www.portavoz.com